零碳系列
NET ZERO SERIES

CAMBRIDGE

零碳中国

［美］亨利·李 丹尼尔·P. 施拉格 马修·邦恩 迈克尔·R. 戴维森 著

彭暐 王溥 茆智敏 李春林 孙静 ［加］邬迪 译

FOUNDATIONS FOR
A LOW-CARBON ENERGY
SYSTEM IN CHINA

中国经济出版社
CHINA ECONOMIC PUBLISHING HOUSE
北京

图书在版编目（CIP）数据

零碳中国 /（美）亨利·李（Henry Lee）等著；李春林等译. -- 北京：中国经济出版社，2023.1

书名原文：Foundations for a low-carbon energy system in china

ISBN 978 - 7 - 5136 - 6959 - 7

Ⅰ. ①零… Ⅱ. ①亨… ②李… Ⅲ. ①中国经济 - 低碳经济 - 研究 Ⅳ. ① F124.5

中国版本图书馆 CIP 数据核字（2022）第 104162 号

This is a simplified Chinese edition of the following title published by Cambridge University Press:

FOUNDATIONS FOR A LOW-CARBON ENERGY SYSTEM IN CHINA ISBN9781108828840

著作权登记号　图字：01-2022-2882 号

策划编辑　赵静宜
责任编辑　王骏雄
责任印制　马小宾
封面设计　久品轩

出版发行　中国经济出版社
印 刷 者　北京力信诚印刷有限公司
经 销 者　各地新华书店
开　　本　710mm × 1000mm　1/16
印　　张　13
字　　数　161 千字
版　　次　2023 年 1 月第 1 版
印　　次　2023 年 1 月第 1 次
定　　价　69.00 元
广告经营许可证　京西工商广字第 8179 号

中国经济出版社　**网址** www. economyph. com　**社址** 北京市东城区安定门外大街 58 号　**邮编** 100011

本版图书如存在印装质量问题，请与本社销售中心联系调换（联系电话：010-57512564）

“零碳”系列编委会

零碳中国

气候变化是 21 世纪人类面临的一个关键问题。中国作为最大的温室气体排放国，已承诺到 2030 年实现温室气体排放量达峰，并大幅增加非化石燃料发电量的份额。但这只是中国实现“双碳”目标的第一步：长期来看，中国已承诺到 2060 年实现碳中和。通过对电力市场、电动汽车政策、核能政策和可再生能源政策的详细讨论，本书回顾了短期的气候和能源政策将如何影响 2030 年以后的长期降碳路径，为实现碳中和目标奠定良好的基础。本书主要关注中国接下来几十年降碳的主战场——电力行业，为研究者和政策制定者，以及能源和气候专家们提供有价值的参考资料。

亨利・李（Henry Lee）

哈佛大学肯尼迪政治学院环境与自然资源项目主任，聚焦于中国能源战略与政策、碳中和、应对气候变化、能源地缘政治等方面的研究，主讲有关气候政策、电动汽车、电力市场，以及中国能源和环境政策等方面内容。

丹尼尔 · P. 施拉格（Daniel P. Schrag）

哈佛大学环境科学与工程系冠名教授，环境中心主任。负责哈佛大学肯尼迪政治学院科学、技术和公共政策项目，研究方向包括气候变化、能源技术政策和数字技术政策，曾效力于美国科学和技术顾问委员会。

马修 · 邦恩（Matthew Bunn）

哈佛大学原子能管理项目首席专家。已出版（含合作出版）超 25 本著作，同时在《科学》杂志等刊物已发表超 150 篇文章。

迈克尔 · R. 戴唯森（Michael R.Davidson）

加利福尼亚大学圣地亚哥分校全球政策与战略学院和机械与航空航天工程系助理教授，麻省理工学院博士 ,2016—2017 年 , 在哈佛大学肯尼迪政治学院从事博士后研究，其研究重点是在中国、印度和美国部署低碳能源工程的意义和制度冲突。

彭暐

宾夕法尼亚州立大学国际事务学院与土木与环境工程系助理教授，约翰 · 霍普金斯大学高级国际研究学院可持续能源政策倡议的副主任，普林斯顿大学博士，2016—2017 年，在哈佛大学肯尼迪政治学院从事博士后研究。

王溥

中国科学院科技战略咨询研究院副研究员，康奈尔大学博士，2015—2017 年，在哈佛大学肯尼迪政府学院从事博士后研究，其主要研究领域包括能源与环境政策和可持续发展。

茆智敏

曾任哈佛大学肯尼迪政府学院贝尔弗科学与国际事务中心环境与自然资源项目博士后研究员，帕迪兰德研究生院博士，2016—2017 年，在哈佛大学肯尼迪政府学院从事博士后研究，专注于中国低碳发展研究。

专业人士推荐
Recommendations

本书是迄今为止，介绍中国建设更清洁能源所面临的挑战与机遇最全面和客观的书。

——约翰·P. 霍尔德伦（John P. Holdren）

清华大学、哈佛大学教授，前美国白宫科技政策办公室主任，

诺贝尔奖颁奖者，美国国家科学院、工程院、哲学院、

艺术与科学院、政治与社会科学院院士

本书是哈佛大学关于中国通过能源转型实现双碳目标的研究成果，从电力市场的改革入手，看中国能源转型的机遇与挑战及路径选择，其中观点会给我们不一样的视角与启示。

——邬贺铨

院士、原国家工程院副院长

实现“碳中和”目标的根本途径是建立一个清洁低碳、安全高效的现代能源体系，以及适应新能源占比逐步提高的新型电力系统。在本书中，来自哈佛大学、中科院等机构的国内外专家，从电力市场改革、可再生能源电力消纳、煤炭资源合理利用、发挥核能潜力和交通电气化等角度，深入分析了中国能源系统低碳转型所面临的挑战，并提出一系列切实可行的政策建议。作为一本兼具学术研究与决策咨询作用的专著，本书内容对政策制定者、科研人员和相关产业从业人员具有很高的参考价值。

——王毅

全国人大常委会委员、国家气候变化专家委副主任

中科院战略咨询院研究员

本书所提出的关于中国能源转型的政策建议，不仅是建立在哈佛大学研究团队丰富的国际研究经验的基础上，更是建立在对中国能源系统长期跟踪，以及分结构、分技术深入研究和分析的基础上，其内容非常贴切并富于启发性。

——李政

清华大学气候变化与可持续发展研究院院长

本书是哈佛大学关于中国经济及能源转型实现低排放发展目标的研究成果。它也是迄今为止，发达国家学者对中国能源转型所面临的挑战、机遇、技术选择等问题梳理最全面的研究报告。相信本书可以给关心中国能源转型的读者不一样的启示。

——李俊峰

国家应对气候变化战略研究和国际合作中心首任主任

红杉碳中和研究院院长、红杉中国投资合伙人

中国的清洁能源转型可能是当今最被“谈论”的主题，大多国际上的“指手画脚”总有“盲人摸象”的嫌疑，能做到深入浅出、点到关键“穴位”且对中国政策制定提出有建设性意见的却是凤毛麟角。中国政府已经提出人类历史上规模最大、程度最深、最成体系的清洁能源系统转型，该书作者们提出的意见恰逢其时，有益于中国切实而加速推进这场革命，这场惠及百姓、益于地球的深层变革。

——吴昌华

前气候组织大中华区总裁、里夫金办公室亚洲 / 中国主任

英国前首相私人顾问

本书深入剖析了中国电力行业在实现碳中和过程中面临的挑战和深层次问题，提出了解决方案建议。是少有的针对时弊的客观评论及建设性建议。

——吕学都

腾讯碳中和高级顾问、前亚洲开发银行首席气候变化专家

国家气候中心前副主任

本书聚焦中国实现碳中和最重要的节点行业——电力行业，通过以数据和事实为基础的详尽分析，指出从化石能源向清洁能源转型是中国“零碳革命”最重要的路径选择。本书对中国能源转型过程中面临的挑战与机遇、技术路径的分析和相关政策建议，将给读者更深刻地理解中国如何在经济持续增长和减排增汇之间寻找到一个平衡带来一系列独特洞见。

——刘俏

北京大学光华管理学院院长

绿色低碳是全球都在研究和践行的发展模式，本书紧抓要点、详略得当、深入浅出地对中国能源转型进行了深刻的分析，虽非宏篇，却是一部里程碑式著作，对低碳研究和相关政策的制定都极具参考价值。

——潘庆中

清华大学教授、苏世民书院常务副院长

本书对中国能源的零碳转型之路，进行了深入浅出、系统全面的阐述，对中国能源和气候变化的研究者和政策制定者，对企业高管和碳中和投资者，都具有难得的参考价值和思想启迪。

——徐林

前国家发改委财金司司长、发展规划司司长

中美绿色基金管理有限公司董事长

“双碳”对于投资机构是又长又宽的长期投资赛道，该书对于投资者更全视野理解中国能源“碳中和”与发现“碳中和”高回报投资新思路和机会都很有实际意义和启发。

——盛希泰

洪泰基金董事长

实现能源转型、实现碳中和目标，技术创新是关键。其中，数字化、智能化，先进制造等技术创新将在碳中和的伟大历史进程中扮演重要角色，而本书对相关从业者全面理解和把握其中的历史机遇颇有助益。

——路跃兵

气候资本集团董事长

本书从国际视角观察中国能源的转型发展以及中国社会化系统性新能源革命，分析了中国新能源革命对中国零碳目标实现的途径和价值。从更高的维度、不同的角度、更宽的广度、更深的厚度对零碳目标的实现、新能源的发展以及中国电力的未来转型给出了中肯的分析和建议，其思想和意义是值得借鉴的。

——宋伟

中国华电集团清洁能源公司董事长

碳中和将重塑国际贸易的规则及格局，本书有助于从事国际贸易工作的机构及个人全面提升相关认知能力，从而更从容应对这一重大历史性变局。

——金旭

中国国际贸易学会会长

碳达峰、碳中和这场深刻变革需要各行各业共同努力，本书对新能源产业和交通领域“双碳”达标极具借鉴意义。

——王军

中国中车集团有限公司党委常委、副总裁

气候变化和低碳关乎人类和地球的命运，各行各业都与之相关。本书来自世界顶级气候变化和低碳学者对中国降碳的论述，干货满满，值得一读！

——印遇龙

院士

低碳转型是事关所有企业未来的核心战略，本书有助于相关企业，尤其对以创新驱动发展的领军企业建立低碳转型认识，实现跨越式发展。

——谭建荣

院士

实现碳中和的关键是能源系统的零碳转型，本书基于哈佛大学等知名院校学者的专业研究，系统梳理了中国能源系统的零碳转型路径和挑战，结合国际视角和对中国情况的深入理解，提出了富有前瞻性的建议。相信本书将给希望深入了解中国能源系统碳中和路径的读者带来有益的启发。

——赵立建

碳信托中国区总裁

应对气候变化，实现碳中和目标，需要在工业化的基础上复兴古老而悠久的中华低碳文明，国际经验的借鉴十分重要，诸多中外学者的观点会给我们以有益的启迪。

——王振耀

深圳国际公益学院创始院长、中国公益研究院院长

前 言
Preface

气候变化是21世纪人类面临的一个关键问题。中国作为最大的温室气体排放国，已承诺到2030年实现温室气体排放量达峰，并大幅增加非化石燃料发电量的份额。但这只是中国实现“双碳”目标的第一步：长期来看，中国已承诺到2060年实现碳中和。通过对电价、电动汽车政策、核能政策和可再生能源政策的详细讨论，本书回顾了短期的气候和能源政策将如何影响2030年以后的长期降碳路径，为实现碳中和目标奠定良好的基础。本书主要关注中国接下来一百年降碳的主战场——电力行业，为研究者和政策制定者，以及能源和气候专家们提供有价值的参考资料。

在减缓气候变化带来的严重影响的斗争中，中国的能源转型将成为世界其他国家学习的典范。作为世界第一大温室气体排放国和世界第二大经济体，中国提出的经济增长与减碳相结合的战略备受全球瞩目，尤其是对处于发展初期的发展中国家极具参考价值。目前，中国已向全世界表明了在对待气候变化这一问题上的决心，并开展了多个减碳战略投资项目，从广泛部署风电和光伏基地，到大力推动交通产业电气化。事实上，中国现已在风能、太阳能和核能这三种主要的非化石能源投资部署方面处于世界领先地位。中美双方在2014年达成的双边协议对推动《巴黎协定》的签订至关重要。中国承诺将在2030年实现碳达峰，并将非化石能源（水电、风能、太阳能和核能）在一次能源中的比例提高至20%。在2030年之后，中国将加入大多数发达国家的行列，开始进一步减少碳排放，以兑现到2060年实现碳中和的承诺。

对于中国而言，一个占全球化石燃料二氧化碳排放总量25%以上的国家，实现碳中和的目标似乎很遥远，但碳中和仍是其势在必得的目标。气候模拟研究表明，气候系统首先受二氧化碳（二氧化碳是温室气体的主要构成部分，且相比于其他类型的温室气体，二氧化碳在大气中的存续时间最长）累积排放的影响，且二氧化碳的排放踪迹往往难以被察觉。这意味着，将全球二氧化碳排放量降至接近零的长期目标应成为气候政策的主要关注点。然而直到最近，几乎所有的国际气候谈判——包括《巴黎协定》和中美双边协议——都聚焦短期的排放目标。

对于世界最主要的经济体，短期的减碳目标很重要。因为该过程较容易被监测并核实。这些短期目标促进了低碳技术的发展，特别是对于那些价格已具有竞争力的技术，例如当前总发电量占比较低的风电和光伏发电。但实际上，实现长期深度碳减排所需的关键技术的开发其实更为重要，这些技术包括新一代核能技术、先进的生物燃料技术，以及提高太阳能和风能等间歇性能源发电占有率的经济性战略技术。这些技术必须在当下受到政府和社会资本的关注与支持，才有可能成为未来能源的可替代选项。中国需要在能实现短期碳排放目标，但无益于长期降碳目标的投资项目，以及对短期碳排放影响较小，却对长期降碳的成功至关重要的投资项目之间找到平衡点。如果只关注短期的碳排放目标，那么长期降碳成功的可能性则微乎其微。

虽然中国已经开始关注长期碳减排，但大多数能源政策分析都还只是专注于如何实现 2030 年的碳达峰这一近期目标。中国在降碳方面面临的最大挑战，是找到燃煤发电的替代能源，以取代目前在全国发电中占主导地位的燃煤电站。迄今为止，燃煤电站产业还未有关于如何实现这一转变的可行计划，也几乎没有对于 2030 年以后可能发生的状况的讨论。中国拥有全球近一半的风电和近三分之一的光伏发电能力，已成为风力发电和光伏发电的世界领导者。目前，可再生能源的总装机量已达到中国总装机量的近 40%，2020 年，风电发电占比 6%，光伏发电占比 3%。风电和光伏发电能否取代煤炭发电，取决于装机量的规划和电力传输等关键决策因素。此外，当下的明智能源政策将为中国在 2030 年后实现碳中和奠定重要基础。例如电力市场改革和电力基础设施政策等，都将在各种低碳技术发展路径方面发挥重要作用，并影响实现风电和光伏发电的占比。

电动汽车领域的战略部署，是中国近期政策将影响未来能源系统的另一个例子。中国鼓励电动汽车的政策制定的出发点主要出于对空气污染和能源安全的担忧。因为中国现在是世界上最大的石油进口国。在未来的 20 年，中国电动汽车的发展对减少二氧化碳排放量的影响可能有限，因为中国电力行业仍严重依赖燃煤电站。因此，如果只关心近期的碳排放目标，电动汽车的发展将不会被放在优先地位。然而，如果考虑到 2030 年后的碳中和目标，随着电力部门的降碳进程的推进，对电动汽车的投资可能是未来降低汽车行业温室气体排放量的唯一途径。

在本书中，我们考虑了碳中和这一长期目标将如何影响当前的能源和气候政策的选择。如果我们认为中国短期的能源政策制定会被未来几十年的长期碳排放目标所主导，这样的想法可能过于天真了。多种新能源技术的发展，使人们很难预测哪些技术在未来可能会被大规模应用。

中国在应对气候变化方面作为全球领导者的地位没有任何被削弱的迹象。随着中国在降碳之路上的逐步深入，本书所讨论的改革对于更顺利地实现长期降碳目标和降低长期降碳成本具有重要意义。

丹尼尔·P. 施拉格

亨利·李

译者序

Foreword

气候变化无疑是迄今为止人类历史上面临的最大危机之一，一百多年来，人类活动排放了大量的二氧化碳，已成为气候变化的首要驱动因素。但换个角度来看，如果人类能因此而觉醒，尽快规划实施科学、可行的实现碳中和的方案，“危险”或许会转变为“机会”。中国作为全球最大的二氧化碳排放国，无疑是应对气候变化的主角。

不少人认为“气候变化”对我们的日常生活并没有太大影响，正所谓“事不关己，高高挂起”，却没有意识到，如果我们不立刻行动起来，我们的子孙后代将于未来陷入绝境：极端气候频发、海平面上升，地球上的大多数人都会面临艰难生存的困境！现代人所犯下的错误，难道要让我们的子孙后代承担吗？难道我们要成为人类物种的掘墓者吗？我们只有一个地球，其生态体系比大家想象得更加脆弱，“冰河世纪”时期，地表的平均温度仅比现在低 5℃左右。地球对自身平均温度变化如同我们人类对自己体温变化一样敏感，人体正常体温为36.5℃左右，一旦体温升至37.5℃，人类便会出现发热症状，一旦体温达到42℃以上（只比人类正常体温高5~6℃），大多数人都会在短时间内死亡。地球平均温度每升高1℃，如人体体温升高1℃一样，都会对自身系统运行造成巨大影响，如果按此速度发展下去，地球很快将不再适合人类居住。这绝不是危言耸听，我们已经尝到了“恶果”。近年来，全球面临的气候环境问题相当严峻：创历史记录的高温席卷全球、山火肆虐、百年不遇的严重干旱、地震、人口密集地区频频出现的龙卷风、洪水、飓风……所有这些灾害都在向我们发出警示——地球的气候、生态体系正在加速恶化。

地球经过数十亿年从空气中吸收、固化了大量二氧化碳，形成煤炭和石油。从18世纪60年代第一次工业革命起，人类把大量煤炭和石油从地下挖掘出来使用，把大量的二氧化碳重新释放到大气中，短短一百多年的时间，排放的二氧化碳数量就远超人类之前活动的总和。

来自美国国家海洋和大气管理局（NOAA）的报告显示，工业革命前近6000年的人类文明中，大气中的二氧化碳的浓度一直保持在280 ppm左右，自工业革命起，人类活动已产生约1.5万亿吨二氧化碳，今年5月测得的大气中二氧化碳浓度达到421ppm的历史峰值，该浓度堪比400多万年前的地球，当时的二氧化碳浓度接近或高于400ppm，酷热难挡，地球平均温度只比工业革命前提高了2~3℃，海平面比今天高出5~25米。

在应对气候变化这场持久战中，我们往往会陷入“当局者迷”的困境，对于问题和机遇视而不见，很难客观看待。要么匆忙上阵，反应过激，结果事与愿违；要么直接“躺平”。应对气候变化不只中国在孤军奋战，而是全人类的使命。作为“旁观者”，外国学者看待中国的碳中和之路或许更为客观，他们能够从不同的视角对中国碳中和的可行性路径进行分析，也更容易看到我们不容易看到的一些地方。听取他们的观点和建议对我们有极大参考价值。“它山之石，可以攻玉”，面对海量的困难和机遇，如果能有效借鉴别人的经验，并将其与中国实情相结合，会更有助于我们作出正确的规划和行动，少走弯路，少交学费，避免付出惨痛的代价。如果我们应对得当，就能把“危险”转变为“机会”，使中国在全球应对气候变化方面的领导地位进一步提升。

本书是“零碳系列”的第一部作品，是哈佛肯尼迪政府学院学者亨利·李联合中外知名学者对优化中国能源体系，实现碳中和目标的研究成果之一。本书以独特的视角，专注于论述中国电力能源的碳中和之路，在中国的新能源、电动汽车、电网、核电等领域，指出我们作为“当局者”常常忽视的重要因素，同时提出了不少客观，且具有价值和启示性的建议和解决方案。对于学术研究者，政府政策制定者，以及企业和投资机构决策者等都具有极高的参考价值。

气候变化与人类生存息息相关，中国早日实现碳中和，不仅会为人类种族生存延续做出重大贡献，并且在实现碳中和的过程中，也会为中国与其他国家之间的合作奠定良好基础，赢得其他国家的尊重。

中国已向全世界庄严承诺：2030 年实现“碳达峰”，2060 年实现“碳中和”。这是一场影响中国乃至全球方方面面的革命。2022 年 10 月结束的中国共产党第二十次全国代表大会报告指出：“积极稳妥推进碳达峰、碳中和，立足我国能源资源禀赋，坚持先立后破，有计划分步骤实施碳达峰行动，深入推进能源革命，加强煤炭清洁高效利用，加快规划建设新型能源体系，积极参与应对气候变化全球治理。”

作为本书的译者，我们希望把国内外有关碳中和的好书呈现给中国的广大读者，让大家认识到气候变化对人类造成的影响和后果，并一起投身于这场旷日持久的“降碳战役”中。

今后，我们会继续与中外碳中和各细分领域的知名学者和从业专家深度合作，出版更多具有参考价值的碳中和领域的图书，为中国实现碳达峰、碳中和目标贡献力量。

在序的最后，我们首先要感谢《零碳中国》英文版的各位作者，其次我们要感谢中国经济出版社的赵静宜以及剑桥出版社的马特·劳埃德（Matt Lloyd）、孙偲等，同时还要感谢杨廷栋、范凯业、陈利萍、吴海山、陈明辉、潘婧、李语儿、张建宇、夏国华，我们的家人及团队的支持，感谢所有书评推荐人对本书的肯定，最后，我们要感谢哈佛大学、清华大学碳中和、气候变化研究领域的众多同行和同事，没有他们的支持，本书的翻译和相关工作不可能顺利完成。

李春林、孙静及团队

2022年10月于北京

鸣　谢
Acknowledgements

本书是哈佛大学肯尼迪政府学院（HKS）关于中国及其经济和能源系统降碳挑战的研讨会为期一年的成果。研讨会小组每两周开会一次，讨论本书中的各个主题，并对小组成员的研究成果进行评判。

除了来自贝尔佛科学与国际事务中心的环境与自然资源项目，以及科学、技术与公共政策项目的教职员工和博士后研究员之外，研讨会的参与者还包括本书 7 位撰稿人，以及前博士研究员乔钦彧和任弢。

我们要感谢中国的同行，包括清华大学的苏竣教授、薛澜教授、何建坤教授以及中国科学院的王毅教授，他们曾接待过我们，并让我们了解到他们对中国能源系统复杂性的独到见解。

我们要感谢弗兰克·怀特（Frank White），他编辑了本书的多个版本；还有负责协调哈佛肯尼迪学院研讨会的路易莎·伦德（Louisa Lund）和卡琳·范德－斯卡夫（Karin Vander-Schaff），以及编辑和准备了本书手稿和出版材料的伊莎贝尔·范因斯坦（Isabel Feinstein）和朱莉·加德拉（Julie Gardella）。

我们也很幸运拥有来自 HKS 的优秀的研究生助理，以及学生曹沂宁和李一豪。

该项目的资金支持来自环境与自然资源计划的罗伊家族基金，以及意大利环境、土地和海洋部，哈佛大学环境中心，哈佛大学气候变化解决方案基金和英国石油公司（BP）。

目 录
Contents

第1章 绪 论

丹尼尔·P. 施拉格 亨利·李

1.1 背景介绍

1.1.1 《巴黎协定》签署前中国在气候变化方面的进展

由于经济的快速增长，中国碳排放经历了快速增长阶段。在1990年，中国与能源相关的二氧化碳排放量为22亿吨，约占世界总量的1/10，而当年美国二氧化碳排放量超过50亿吨，接近世界总量的1/4。到2019年，中国与能源相关的二氧化碳排放量增至近100亿吨，几乎是1990年的4倍，而美国同期碳排放量只增加了5%。2008年，中国超过美国，成为世界最大碳排放国。1990年，中国人均碳排放量还不到世界平均水平的一半。但到了2007年，中国人均碳排放量超过世界平均水平，正迅速接近欧盟28个成员国的水平。

根据《哥本哈根协议》，2009年，中国制定了2020年碳排放控制目标，即在2005年的基础上，将单位国内生产总值的碳排放强度降低40%~45%。到2014年底，中国的碳排放强度比2005年降低了33%，中国在履行《哥本哈根协议》方面进展顺利。但与此同时，中国与能源相关的碳排放总量继续增长，从 2005 年的 55 亿吨增至 2014 年的近 100 亿吨。

尽管碳排放总量持续增加，但自 2005 年以来，中国碳排放增长速率有所下降。政府出台的几项不同政策在降低碳排放增长速率方面发挥了至关重要的作用。各主要领域的能源利用效率在不断提升，现在仅需不到 290g 燃煤，就能生产 1 kWh 的电力。中国的燃煤电站目前在能源利用效率方面处于全球领先地位，所有电厂的全国平均能源利用效率正上升至世界最优行列。

此外，可再生能源的发展也是中国碳排放量增长速率减缓的重要原因之一。中国目前在可再生能源投资方面处于世界领先地位，占世界总投资的 1/4 以上。2005 年，中国光伏发电总装机量为 700MW，到 2020 年底，光伏发电装机容量已超过 253GW，15 年来增长约 350 倍。

2009—2012 年，中国 42 个省市被选为国家低碳发展试点地区。这些试点地区也对其他省市的地方政府在选择应对经济增长和气候变化的权衡取舍方面产生了影响。

中国经过深思熟虑后，决定在全国范围内建立电力行业碳交易市场。一旦全面部署，中国的碳市场将成为世界上最大的碳交易市场，规模将是欧盟总量管制与交易计划项目的两倍多。

在此背景下，2014 年 11 月 12 日，中美签署了《中美气候变化联合声明》。根据联合声明，“中国拟在 2030 年左右实现碳达峰，并将非化石能源在一次能源中的比例提高到 20%”。这是中国首次承诺碳排放总量目标。假设这些目标能够实现，中国碳排放量将在达峰或下降之前，按当前排放量再增长 1/3 到 1/2，达到人均 10 吨左右的碳排放量，这一进展在很大程度上将取决于非发电工业部门煤炭使用的减少。《中美气候变化联合声明》最重要的部分是中国承诺将非化石燃料在一次能源中的比例提高到20%。要达到这个目标并不容易，因为它需要新增800～1000GW的风能、太阳能和核能发电能力。如果这一目标得以实现，在未来几十年中，当其他发展中国家在高速发展阶段制定本国的能源规划时，在中国已成功实施的那些非化石能源技术，将会成为这些国家可能的选项。

1.1.2 基于目前对煤炭发电的依赖，中国在2030年后将如何降碳减排

中国所面临的深度降碳的挑战较为艰巨，因为中国对燃煤电厂发电有着巨大的依赖，且交通部门对石油的需求也在迅速增长。此外，根据对中国天然气资源储量的估算，中国不可能像美国和欧洲大部分国家那样，利用天然气替代煤炭来减少碳排放。目前，中国燃煤电厂的装机容量超过1000GW，且还在不断增长中，这使得减少碳排放的长期进展面临一定的挑战。交通运输业的二氧化碳排放量约占中国二氧化碳总排放量的15%，而美国的这一比例为32%。

自2009年起，中国作为世界上最大的汽车市场，其交通运输业的碳排放量很可能在技术没有重大转变和突破的情况下继续增长。为推动降碳减排，中国必须同时解决电力和交通运输行业的碳排放问题。在中国未来经济增长率将低于过去20年平均水平的大前提下，实现上述碳减排目标将更为困难。2030年后的中国，每年的经济增长率可能不到5%，因此，基础设施投资项目（包括新增发电设施和新增输配电设施）将难以获得融资。

1.1.3 降碳途径

2030年以后，降碳主要有三种技术途径，而中国很可能需要将三

种途径结合起来应用。

第一种途径是提高可再生能源在电力生产中的占比。水力发电的发展已接近其潜力极限。大力发展风力和光伏发电是中国当前能源战略的重要组成部分。因为中国在2018年新增光伏和风力发电装机量分别达到当年全世界新增装机量的45%和44%，而中国累计光伏和风力发电装机总量占全球装机量的32%。然而，中国还没有面临管理高占比间歇性可再生能源发电的艰巨挑战。中国目前的风力发电装机量大部分集中在北方地区，光伏发电装机量主要集中在西北地区，但目前还没有足够的输配电线将电力输送到位于东南部的电力需求中心。随着风能和太阳能在2030年后的持续应用，中国将需要探索储能和需求管理策略，以稳定其电网的电力传输。这一问题需要考虑省一级的影响因素。中国目前的电力政策在很大程度上受到省级决策的影响，省级政策可能会通过限制跨省能源交易，对管理可再生能源间歇性供应造成障碍。中国目前电价和电力市场只满足多个省份的单独需求，并未考虑到整体电力系统运行，因此无法使上述基础设施投资达到效率最优化。

第二种途径是发展核能。中国计划在2030年之前，增加150GW核电装机容量。然而，将核电规模扩大到能替代燃煤电站的规模，似乎是不可能的。此外，目前的核电项目面临着各种挑战，包括成本和地方接受度等。对于核电工程的投资，无论是在研究和开发新反应堆设计，还是在建造低成本反应堆方面的知识和经验，都将成为对冲高比例的间歇性风能和光伏发电降碳风险的最好途径之一。

第三种途径是工业和交通运输业的电气化。由于中国过去20年来人民生活水平的提高和大规模基础设施的发展，乘用车在中国正以前所未有的速度普及开来。交通运输业的碳排放量增长是所有行业中最快的。之前，交通运输业的碳排放量在制造业和电力部门的碳排放量占比较小。从根本上改变交通运输业，应是中国在降碳这条漫长道路上的一个重要组成部分。由于目前中国供电行业的碳足迹较高（70% 以上供电来自火力发电），电动汽车对石油燃料汽车的快速替代会在短期内增加总体碳排放量。

以上所述的降碳途径都取决于中国能否改善并最终消除目前电力系统灵活性小和效率低的现状。中国在积极推广非化石燃料替代品的同时，也在一定程度上延长了高碳排放发电系统的寿命。

中国电网的基本结构设计于 30 多年前，其设计理念基于为快速增长的工业部门提供低成本的燃煤基载电力。当时的挑战是要以足够快的速度建造新的发电系统，以满足重工业和制造业快速增长的电力需求。2005 年，中国大约 70% 的电力被工业设施所消耗。

在低碳能源系统中，挑战将与以往不同。来自风能和光伏等可再生能源的电力供应是间歇性的，而电力需求亦将在一天的不同时段发生变化。服务业、交通运输业的发展将增加电力需求的每日波动幅度。中国需要在增加电网总容量的同时，提高系统的灵活性，以适应不断变化的供需情况。用于满足中国 30 年前用能需求的结构系统或将成为中国降碳目标实现的障碍之一。

1.2 内容概览

1.2.1 电能

目前的中国能源体系存在一些结构性不灵活的问题，其中以下 3 个问题最值得关注：①非与时俱进的治理结构导致职责界定不充分；②当前的电力调度协议产生了不合理的投资和运营激励方式，导致过度使用低效发电厂，限制了可再生能源的产能以及对燃煤电厂的额外投资；

③当前的定价机制抑制了对必要的辅助服务的投资，例如调峰发电系统、用电需求侧管理、光伏和风力发电容量管理等。

中国大多数的发电企业都属于国有垄断企业，两家国有电网公司负责输送所有的电力、运营所有的地区电网，并零售全国几乎所有的电力。电力融资由国有银行提供，行业受到中央或省级政府机构的高度监管。多个来自中央和省级层面的机构和部门会对投资和运营过程的各个环节进行监管。由于缺乏正式的协调机制与机构来优化这些机构之间的联系，各相关机构往往对事件有不同的优先级处理，无意中导致彼此的意图相悖。随着地区能源市场的出现，各省之间的协调将变得更为重要。为成功实现降碳目标，改善各级治理结构，创建并鼓励各机构合作的制度结构势在必行。

北美和欧洲的大多数电力系统都采用了一种最低成本的调度协议，在保证电网安全的前提下，运行成本低的发电机先于运行成本高的发电机接入电网。由于可再生能源发电机的边际运行成本几乎为零，因此只要有机会，它们就会被调度。成本最低的调度协议最大限度地提高了电网效率，通过对可再生能源发电设施的政策以及投资倾斜，达到了降碳排放的目的。

然而，中国所采用的是“平均分配”的调度规则（也称为“三公”调度），即无论运行成本如何，发电机都有相同的运行时间，导致系统效率低下、可再生能源的减少以及发电能力的过剩。例如在2018年，尽管当时中国的发电能力过剩，但中国仍在持续建设新的燃煤电站，而造成这种低效激励的驱动因素就是“三公”调度。在过去，当中国试图加快对基载电站的投资时，这些政策可能是有意义的，但面临今天的市场状况，这些政策阻碍了中国加快发展低碳电网能力的提升。如前所述，拥有大量可再生能源发电量的电网将需要最大限度地提高系统的灵活性，以适应供需波动。这意味着煤电和核电资产必须能够根据需求的变化提供电力。灵活的系统需要监管机构按照实际价值来为电力定价，而电力的实际价值每天都在不断变化。随着能源系统从使用燃料转向使用电力，监管机构及时改变电价以反映电力的实时价值的压力将会增加，而低碳电网的电价则反映了不同时间下的电力实际价值。

1.2.2 煤炭

中国在降碳方面所面临的挑战之一是减少对价格相对便宜且供应广泛的煤炭的依赖。作者认为，减少对煤炭的使用之所以困难，是由两个因素造成的。首先，中国已着手关闭东部城市周边的燃煤电厂，取而代之的是在煤矿附近建造新的燃煤电厂，然后通过高压输电线路将电力输送到东部人口密集区。其次，这些新燃煤电厂的燃煤效率大都处于世界领先水平。如果过早关闭这些燃煤电厂，先前所投入的大量固定资产得不到应有的回报，会造成大量的投资损失。

因此，中国在经济上对燃煤电厂具有较大依赖，不仅不愿让燃煤电厂退出市场，反而有很大的动因去建造更多的燃煤电厂。在后文中，我们将讨论许多激励措施，以鼓励国有或私人投资者开发新的煤炭发电系统。

在大多数国家，煤炭消费的绝大部分用于发电。即使在直接使用煤炭供暖的印度，也有 75% 的煤炭消费来自电力部门，但中国并非如此。2017 年，中国 54% 的煤炭消费用于工业、区域供暖和居民生活。因此，任何减少煤炭消耗的长期计划必须包括战略转型，由燃烧化石能源转向天然气取暖或开发其他供暖来源，如高效热泵等。在中国北方农村地区，使用煤炭进行家庭供暖的现象仍然很普遍。政府应致力于减少并最终消除此类供暖模式，以达到地方和国家卫生标准。在小型供暖系统中，直接燃烧煤炭是煤炭使用效率最低的一种方式，而消除这种方式不仅符合国家卫生目标，也符合国家提高能源效率的承诺。

远离煤炭的举措可能会遭遇多方阻力，并引发严峻问题。目前，中国有近 400 万人从事煤炭开采行业，还有数量众多的人员在发电、钢铁或水泥等煤炭密集型行业工作。任何减少中国煤炭生产和消费的政策，都必须伴随着对上述人员再就业以及随之而来的社会问题的战略治理。其中包括环境不公平现象的处理，即如何利用政策手段均衡各方的利益。随着一些城市在低碳经济中的蓬勃发展，各省市之间的收入差距可能会扩大。如果没有事先的规划或相应政策来管理这一转变，政府可能会放慢向低碳能源系统迈进的步伐。

1.2.3 可再生能源

深度降碳将要求中国大幅提高风能和太阳能等可再生能源的部署速度。2012—2018 年，中国是可再生能源的最大生产国和消费国，年增长率远远超过世界上其他任何一个国家。然而，要真正减少碳排放，中国必须在减少限电的同时，大幅提高增长速度。

在本书的第 3 章中，作者介绍了可再生能源领域需要的投资规模。如果降碳这一挑战可以简单定性为增加可再生能源发电量，那么中国很可能会在其设定的时间节点前完成这项挑战。但当前的能源系统状况使这项挑战变得复杂——电网系统不灵活，定价政策保护现有的传统燃煤发电系统而对新能源发电不利，社会对可再生能源持怀疑态度，以及需要用支持远距离间歇性能源的输电和配电系统来取代仅支持当地基荷发电的系统。

中国目前正在建设 9 条主要高压输电线路，以便将电力从拥有更多风能和太阳能资源的西部地区，传输到可再生能源较少但人口众多的东部地区。更多的输配电项目也处于规划阶段，然而，长距离输电线路面临三大挑战。首先，它需要获得多个省份的多个机构的批准。其次，只有当一个省份的公共建设和消费者愿意购买另一个省份生产的电力时，跨省输电才是经济可行的。过去，每个省份都保护其成本较高的国有发电企业不受来自其他省份成本较低的发电企业的竞争。只要各省每年的收入中有一部分来自当地的燃煤电站，电力交易的障碍就依然存在。最后，输电的经济性主要依赖于高容量的输电线路。通过基本负荷设施每天 24 小时不停传输电力的线路，其单位电力成本低于那些只有一半或更少时间可用的间歇性电力线路。两者兼备的混合输电线路是理想的，但并不总是可行的。这些因素可能会促使规划者考虑将可再生能源选址在更靠近负荷中心的地方，并在某些地区考虑分布式电力方案。

整合间歇性可再生能源的挑战提升了存储技术的价值，也增加了选择可跟随负载波动的发电方式，以及在更大的时间范围内，分散需求和管理消耗的技术。虽然这些技术的开发已经取得了一定进展，但它们暂时还不能进行大规模商业化部署。加大对每项技术研发的投资，有可能在推动中国能源结构性降碳，以及电网改革经济性的可用途径中发挥显著作用。

1.2.4 空气污染

空气污染一直是中国不少大型城市亟待解决的环境问题。中国已就减少空气污染制定出一系列积极举措。这些举措包括减少东部五省的煤炭燃烧，为移动和固定能源建立严格能耗标准等。通过实施这些举措，城市的空气污染问题已得到较好改善，既减少了传统污染物，如颗粒和硫的排放，也减少了二氧化碳的排放。然而，并不是每一项旨在减少空气污染的举措都对二氧化碳的减排做出了贡献。例如，使用脱硫设施来消除硫排放明显有利于当地的环境健康，但由于脱硫设施会消耗大量的增量电力，反而将导致更高的二氧化碳排放。

任何促使可再生技术快速部署的政策都会对减少碳排放和空气污染产生益处。中国不应放弃净化空气的目标，而应在设计实现这些目标的计划和政策时，考虑其长期的减碳愿景。

1.2.5 核电

核电被认为是中国深度降碳战略的重要组成部分，但中国的核电发展目前仍面临一些障碍。截至 2017 年底，中国核电装机容量为 33.7 GW。核电行业的目标是，到 2050 年，核电装机容量需达到 240 GW。虽然这听起来是一项宏大的计划，但到 2050 年，如此规模的核电装机容量可能不会超过中国总发电量的 10%。为使核电在中国降碳战略中发挥重要作用，其总装机容量必须远高于中国核能协会目前的计划，这将是一项艰巨的任务。

作者认为，无论核能在中国降碳战略中扮演何种角色，重点在于，必须要规避类似福岛或切尔诺贝利这样的大规模核泄漏事故的发生，否则就政策而言，核能的扩容将变得不可行。邦恩建议，中国还应制定更好的沟通策略，从而让公众更广泛地接受核电，政府应尝试与拟建核电站区域周围的民众接触，解决他们的后顾之忧。

扩大现有核电规模对中国来说困难重重。如果要让核能在降碳能源结构中发挥重要作用，开发、示范并最终将更安全、更高效的新型核电技术商业化可能是最有希望的途径，这些技术包括钠冷快中子反应堆、球床模块式高温气冷堆和熔盐反应堆等。目前，这些技术都处于初步发展阶段，但如果这些技术的潜力得以证实和实现，预示着新一代更安全的核电站的出现，公众对核电的焦虑将转化为对它的支持。

中国应发展一系列新的核电技术。这一战略并不意味着停止对现有核电技术的投资，每年部署 2～5 座核电站，有助于扩大训练有素的核工程师队伍规模。但如果想在核电的长期发展中取得成功，中国政府必须解决提高监管和监督质量等关键问题。

1.2.6 电动汽车

在过去的几年中，中国制定了发展电动汽车产业的宏伟目标。不过这种情况正在转变。中国的汽车制造商正在重新调整生产战略，从面向全球市场销售大型电动汽车，转而面向国内消费者销售小型电动汽车。续航里程较短的小型电动汽车在美国市场的表现受限，但在拥有世界级城际铁路系统的中国，续航里程焦虑就不那么令人担忧了。2017—2018 年，更小、更便宜的电动汽车在中国销售状况良好，其销量接近 100 万辆，这其中还不包括插电式混合动力汽车。

然而，电动汽车的快速商业化带来了两个问题：

第一个问题是，由于中国严重依赖燃煤发电，电动汽车的普及将导致更高的二氧化碳排放，尤其是在对燃煤发电依赖更大的北方地区。作者认为中国不应过分强调电动汽车对近期二氧化碳排放的影响。建立专业懂行的监管机构、增强消费者信心以及构建基础设施，用于支持电动汽车的更大普及率，短期效益将远超额外增加的二氧化碳排放成本。此外，结合中国电力行业的中长期降碳目标，推动电动汽车的扩张可能是中国减少交通运输行业碳排放量的唯一途径。作者建议中国不应该推迟其积极的政策和计划，而应该继续努力在未来 10 年部署更多的电动汽车，无论电动汽车对 2030 年的碳排放目标有何影响。

第二个问题是，政府将面临建立一个能够支持为2亿~3亿电动汽车充电的基础设施的挑战。同时，政府还需对电网系统和电价结构等进行调整。快速充电站的建设和运营成本同输电线路一样高。短期内，在停车场或车库充电比在快速充电站充电更为划算。但随着越来越多的汽车接入当地电网，就需要采用智能电网技术来安排充电顺序，以避免对当地的配电系统产生不利影响。无论何种选择，发展一个具有经济性的且高效的充电基础设施网络将需要中国政府、各相关行业（包括汽车制造商）、电力部门，以及消费者的通力合作。

中国能源系统深度降碳面临着一系列挑战，但中国已多次展示出其调配集中资源的能力和勇于接受并克服重大挑战的精神。在可再生能源发电和电动汽车领域，中国已处于世界领先水平，但中国不应满足于现状，须继续加速可再生能源的部署，开发下一代核电技术，并管理好其交通行业向电气化的转型。

中国仍需集中精力对其电网进行改革，改善治理结构以鼓励各级政府更加紧密地合作，并建立激励机制，以吸引产业和消费者投资低碳能源系统。这些改革将促使中国摆脱以碳密集型和高污染产业为主导的体系——一个曾为中国前所未有的经济增长率做出过巨大贡献的体系，其背后强大的利益相关者将抵制这类改革。然而，在20世纪90年代和21世纪前10年，运行良好的电力系统并不能支持中国在2030年后实现低碳经济目标。中国在未来10年采取的行动将对其在未来30年的能源结构的降碳能力产生重大影响。

第 2 章　改革中国电力市场，促进低碳转型

王溥

2.1　概述

电力产业是中国最大的碳排放源，2016 年，电力产业的碳排放量约占全国碳排放总量的一半。因此，中国政府推动落实一系列低碳政策，包括减少煤炭使用、整合可再生能源，以及建立碳定价机制等。在未来的几十年里，以下四个趋势将极大影响电力需求和供给：第一，中国城镇化和工业化的持续发展，大部分人口从农村地区向城市及工业发达地区流动；第二，人民生活水平的提高将导致住宅和服务部门用电量的增加；第三，可再生能源引领供应增长；第四，社会经济的电气化，特别是交通部门和供暖部门的电气化，因近年来人们对空气污染的担忧而获得持续推进的动能。

中国电力行业在降碳过程中面临的挑战之一是可再生能源和电动汽车的多变性和其对高度灵活的电力系统的需求，这与中国的电力系统现有结构产生冲突。在过去的 10 年中，技术进步和规模经济显著降

低了风能和太阳能的生产成本，使中国成为全球风能和太阳能部署的领跑者。

与此同时，中国在研究、开发和部署与电力系统相关技术和设备上进行了大规模投资，如能源存储系统、碳捕获和存储技术、电动汽车、快速充电站等。然而，这些新技术和设备也对现有系统的稳定性和可靠性提出了重大挑战。首先，高渗透比率的可再生能源将要求电力系统有足够的储备容量和高度的灵活性，以满足不断变化的供应量。其次，中国的可再生能源在地理上分布得较为分散，自然资源最好的地区通常远离负荷中心，需要长途输电线路将其连接到主电网。电动汽车的兴起推动其人均持有量的飞速增长，政府如不进行适当的协调与干预，这一趋势可能会对电网的容量和稳定性造成巨大压力。

中国电力行业的结构和运营还不够灵活，无法应对快速变化的趋势。2020 年，中国燃煤电厂的总装机容量超过 1000GW，约占全国总装机量的 50% 和总发电量的 61%。由于天然气资源有限，中国不具有选用天然气替代煤炭的优势，这使得减排变得更加困难。此外，由于调峰相应速度较慢，燃煤电厂在补充可再生能源的出力下降方面，也不如燃气电厂灵活。

为有效应对现有的挑战，解决电力系统运行缺乏灵活性且效率低下的问题，中国需要对一系列政策做出相应调整：①促进低碳能源的部署，包括可再生能源、核能和水电，同时保持系统的可靠性；②采取恰当的经济激励措施，使投资者和消费者的利益与低碳能源转型保持一致；③推动基建规划。

中国如果想在 2030 年后实现更大幅度的碳减排，在任何长期的降碳计划中，电力部门都要成为最重要的目标对象，这不仅因为电力部门的碳排放份额较大，还因为电力系统是其他大多数低碳战略实施的基础。电力系统的一个关键特征是系统规划方面的长期性。燃煤电厂的平均寿命约为 40 年，如果中国目前的政策鼓励建设更多的燃煤电厂，那么现在投建的燃煤电厂在 2050 年左右才能结束其使用寿命。此外，燃煤电厂一旦建成，电网系统的选址和结构在几十年内很难改变。因此，现在的政策制定将影响中国未来几十年碳减排能力。中国如果想要使可再生能源和减排政策长期有效，需从现在开始改变并优化电力系统存在的问题，避免不必要的损失。

本章，我们将从长期角度评估中国当前的电力政策和改革举措对碳减排的影响。

2.2 中国电力系统的未来趋势和挑战

在过去的 20 多年里，中国电力行业发展迅速，与中国经济基本上保持同步的高速增长（见图 2.1）。在此期间，中国的发电量增长了 5 倍多，电力部门虽然经历了重大的结构和监管变化，但仍能以可靠的发电和可负担的价格来满足居民、商业和工业的需求，这是一个了不起的成就。

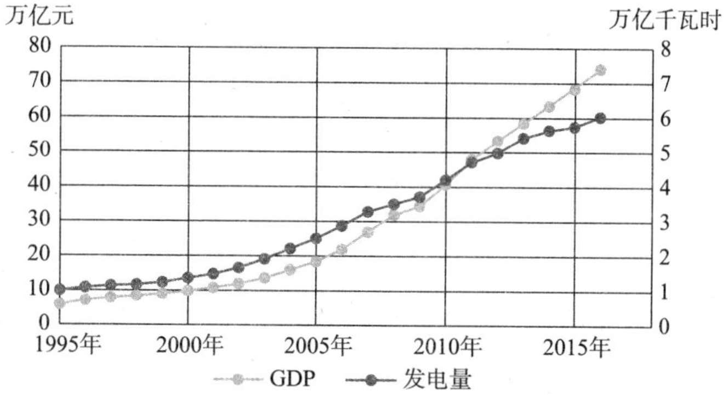

图 2.1 1995—2015 年中国 GDP 及发电量

注：©2021 王溥，版权所有。

然而，中国过去的电力发展主要集中在扩大发电量以确保供应上，低碳发展的概念直到最近 5 年才被提出。2016 年，中国总装机容量为 1651 万千瓦，总发电量为 60230 亿千瓦时。发电厂以燃煤电厂为主，占总装机容量的 57%，占总发电量的 71% 左右。燃气电厂仅占装机容量的 4%，远低于美国和欧洲。自 20 世纪 80 年代以来，中国水力发电规模显著扩大，在装机量和发电量方面均占 20% 左右。2016 年，风能、太阳能和核能合计装机量占装机总量的 16% 和发电量的 9%（如图 2.2 所示）。

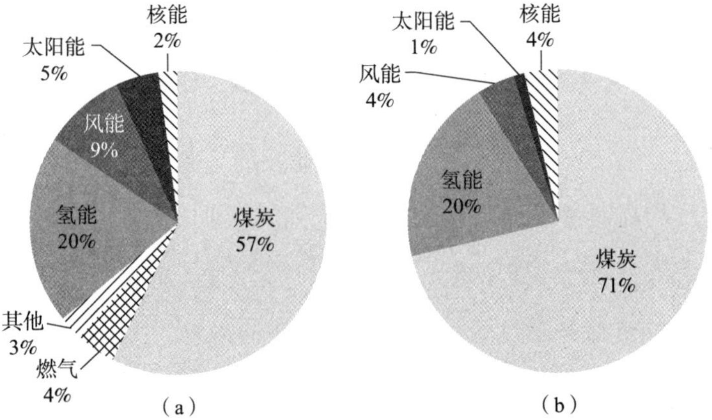

图 2.2　2016 年中国装机容量（a）和电力产出（b）

注：©2021 王溥，版权所有。

中国碳排放在过去几十年快速增长的主要原因是对煤炭的严重依赖，这也是造成近年来空气污染危机的主要原因。不过近年来，这种趋势开始发生转变，中国经济已进入结构转型的关键时期。之前由大规模基础设施建设、房地产开发和低端制造业驱动的传统经济增长模式已接近尾声。政府已开始削减重工业过剩产能，并大力投资解决空气污染和其他环境问题。

这些变化促使中国在2015年巴黎气候大会上承诺在2030年左右达到温室气体排放总量峰值（即“碳达峰”），并将非化石燃料在一次能源结构中的份额提高到20%。低碳发展的重心转移将引发电力行业未来发展的一系列根本性变化，对行业运行和监管提出了新的挑战。

在需求方面，以2016年为例，中国工业用电消耗了全国超过70%的电力，而住宅和商业用电各消耗了约13%的电力。相比之下，工业、住宅和商业用电各占美国电力需求的1/3左右。2014年，中国家庭平均用电1044千瓦时，而美国家庭平均用电为10800千瓦时。

中国经济结构转型期间，工业用电需求即使不下降，也将趋于稳定；由于空调、冰箱等家电的普及，以及服务行业的市场需求增长，住宅和商业用电需求将大幅提升。研究表明，工业用电需求在一天和连续几个月里趋于稳定，许多工业设施通常是24小时运转用电；而住宅和商业的电力消费更容易受到天气、工作和生活模式的影响。因此，与后工业化国家相比，中国目前的负荷分布较为稳定。但随着中国消费结构的转变，电力负荷可能变得更难预测，这就要求电力系统大幅提高其灵活性。此外，电动汽车的兴起会令电力需求规模扩大，而快速充电桩的大规模部署，也将进一步给电力系统的稳定性和可靠性带来压力（尽管一些研究表明，如果规划合理的话，电动汽车的发展也可以提高系统可靠性）。

在电力供应方面，政府开始限制新建燃煤电站，同时推广其他低碳能源。但大多数燃煤电站都是在2000年之后建成的，据预测，其中95%的燃煤电站将一直运行到2030年。因此，如果中国希望减少燃煤电站的数量，搁置成本问题将成为重大挑战。中国水电行业自1990年以来发展迅速，与其他能源相比，水力发电有许多优势，如碳排放量低、运营成本低、灵活性高等，因此它可作为其他可再生能源的调峰补充。然而，水电资源大多集中在中国西南省份，远离沿海地区电力负荷中心，而风能和太阳能主要集中在中国北方省份。此外，大部分具有高水力发电潜力的河流已修建了大坝，但由于当地居民以及环保团体的反对，未来新的水电站开发与投产将变得越来越困难。

2020年，太阳能和风能实现了有史以来最大年增幅，且得到了强有力的政策支持。中国已成为可再生能源设施制造和部署的全球领导者。"十二五"规划指出，2010—2015年，太阳能和风能发电装机容量年均分别增长177%和34.6%。此外，中国计划通过规划和资金支持，到2020年，将太阳能和风能发电装机容量翻一番。然而，中国在对可再生能源的整合及利用方面面临着重大挑战。太阳能和风能具有间歇性，因此，电力系统需要有足够的灵活性，以平衡产出浮动。像天然气电站这样的快速反应系统在中国相对稀缺，因此，短期内保持一定数量的燃煤电厂正常运转才能更好地支持可再生能源电厂的扩张，但这就大大降低了燃煤电厂的产能利用率和能源效率。并且，当太阳能和风能因间歇性导致发电不足时，电力系统还需要足够的备用容量来满足峰值负载，这可能会进一步降低容量利用率。

此外，最好的太阳能和风能资源集中在中国的东北和西部地区，远离东部和南部地区的电力需求中心。为了将东北和西部地区的可再生能源产生的电力转移至电力需求中心，需搭建昂贵的长距离输电线路。高资金成本与能源成本将极大影响民营企业的投资热情。随着可再生能源占比达到更高水平，这些问题将更加突出。中国需要大幅提升电力系统的容量及其灵活性来应对这些问题。

在低碳能源组合中，核能发电虽然备受争议，但其前景广阔。中国目前的核电机组由32台运行机组组成，总发电量为30GW，占2015年全国总发电量的3%左右。中国2020年核电装机目标为58GW。中国的核电计划可以说是非常宏大的。但中国目前核电装机容量的发展速度，还远未达到让核能发电在碳减排方面起主要作用所需水平。

根据预测，即使核能发电能够实现高速增长，到 2050 年，它也只能填补相对较小的碳减排缺口。但扩大核电规模将面临大量的限制和风险，包括公众反对、成本控制、安全和安保风险。中国和其他国家应该继续对核能技术的研究、开发和部署进行投资，以实现未来扩大核电规模的可能性。

2.3 电力行业治理

在中国，电力行业的大部分关键环节都由国有企业运营，电力行业的投资建设也主要依靠国有资本支出。因此，政府监管政策对电力价格和生产具有主导作用，如何运作和优化治理体系成为了首要问题。在理想情况下，人们会想要有一个关键中枢机构来主导整个治理体系，且该体系需要有明确的职责划分，以此来避免权责不清或者重复的问题。这种结构不仅有问责制，同时又可为政府官员提供一定的动力。

能源研发投资的产品将使整个国家受益，因此能源研发应是国家政府的责任。各级政府之间应通力合作，而不是无效竞争。在责任重叠的地方，应该有明确的制度来解决冲突。

中国目前在电力领域的治理结构并不十分理想。随着电力系统变得越来越复杂，这些因治理结构不合理而产生的问题越发严重。领导能源产业的是国家发展和改革委员会（以下简称国家发改委），但其职责主要分散在以下 3 个部门：国家能源局负责发电和输电的规划和审批；价格司负责制定零售和批发价格及税收；经济运行调节局负责设定每个电厂预期的发电量。

此外，负责运行电力系统的两家大型国有企业，管理着电网和所有的电力交易。电力行业的国有企业与负责监管这些企业的政府部门之间的关系并不总是和谐的。国有企业管理层通常与政府有良好的关系，并被给予一定的独立性。

虽然政府对大多数能源项目拥有最终决策权，但省级及地方也具有部分决策权力。例如220kV以上输电线路的建设由省级政府监管，而电压更低的输电线路则由地方政府负责，且地方和省级政府在选址、水资源划分和土地利用等影响发电厂建设方面的问题上都具有发言权。这种电力系统管理模式在具体项目的权责、利益分配方面会产生很多复杂问题。虽然中国的治理结构以层级分明著称，但实际上，大多数政策问题都是通过特设委员会来解决。

解决新能源间歇性发电问题的降碳技术、智能电表和电网，以及新储能技术的复杂性加大了中央监管机构和政策制定者规划监管的难度。由此造成的压力给予地方政府更多的权力和操作空间，让地方政府因地制宜实施具体管理。政府必须深思熟虑，决定他们的决策干预在哪些方面会产生最大价值，在哪些方面只会使地方政府结构复杂化。

很难想象政府直接对大型电力系统项目进行决策，因为这涉及数以百计的电厂投资，包括发电机、储能选择，以及对当地市场供求侧的充分了解和预判。虽然许多地方政府目前不具备提供所需监管、运营和规划服务的能力，但通过在不同地区进行不同的改革试点，中国政府可根据这些试点结果来优化长期政策。

2.4 关键政策问题

电力政策在能源转型和降碳方面发挥着关键作用。可再生能源的消纳很大程度上依赖于电网系统的合理设计和优先考虑低碳资源的调度机制。透明和有效的电力市场对于逐步淘汰低效的燃煤电站也至关重要。

但中国现行的“三公”调度和固定价格的电力体制并不适合推动中国电力系统向低碳能源过渡。此外，当前的调度和定价政策产生了反向激励作用，阻碍了低碳技术的研发和投资。

最近，中国国内已达成共识——为改善电力系统的经济性，加快推进环境友好型社会，电力市场改革迫在眉睫。本节旨在提供一个全新的视角，重点解读电力政策对碳减排的长期影响，中国电力行业面临的主要挑战，并对当前政策对降碳的潜在贡献作出评估。

2.4.1 电力调度

中国目前的电力系统是由政府统一计划，由政府再到地方政府的垂直分级管理模式发展而来的。在 20 世纪 80 年代以前，从发电到配电的整个电力系统的开发和管理，都在电力部的管控之下，并且电力部于 1997 年正式成为国家电力公司。

自改革开放以来，因旧的电力系统无法满足激增的电力需求，在 20 世纪 80 年代，政府向投资者开放电力投资，投资机构包括省 / 市级政府，以及私人和外国投资者。在 2002 年，发生了迄今为止最重要的电力改革，国家电力公司被拆分为 5 家国有发电公司和 2 家电网公司，5 家国有发电公司控制全国 45% 的发电厂。这一调整与改革的意图是一致的：产生发电侧多个竞争参与者，促进市场良性竞争。

然而，该计划在电网侧却事与愿违，两家国有电网公司成为新的垄断者，控制着其管辖范围内的大部分输电和配电线路，成为发电侧唯一的批发商和需求侧唯一的零售商。此外，这两家国有电网公司也是电力系统运营商，决定何时和哪些发电机组将被调度上网。

在全球大部分地区，电力系统运营商一般都采用“经济调度”原则，即在安全的前提下，以最低价格提供电力的发电商的电力优先被调度。相比之下，中国电网公司则采用独特的“三公”调度原则。在该原则下，无论生产成本如何，不同技术类型的发电机组都能保证大致相等的工作时间。中国使用“三公”调度的历史原因是为了确保发电机获得合理的回报。然而，现在这一政策已产生了许多不利于经济和环境的后果，包括对碳排放的不利影响。

首先，由于较低能源效率的发电机与较先进的发电机的工作时间相同，没有市场激励机制来逐步淘汰或减少使用碳排放最高的低效发电机组。发电配额制不仅显著降低了经济效率，而且还增加了平均每单位电力的碳排放量，因为效率最高的电厂没有得到最佳利用。更重要的是，由于这种发电配额制度，即使在理想的天气条件下，都不能够充分利用太阳能和风能的边际运营成本接近于零的优势，不能更好地达成中国的降碳目标和降低能源成本，也不能更好地利用市场经济淘汰发电效率低下的发电机组。

其次，平均分配政策刺激了各省对燃煤电厂的过度投资，因为建设燃煤电厂可促进地方 GDP 增长和就业。这种效应在历史上屡见不鲜。在 2000 年以前，大型燃煤电厂的建设需要得到政府的批准，但小于 50MW 的电厂建设则无须中央审批。因此，各省、直辖市政府建造了一大批小型、低效的燃煤电厂。尽管这些小型电厂大多数在 2005 年之后因为环保和节能的原因而关闭，但它们对经济和环境已经造成了损失。随后，2014 年 11 月，政府决定将火电厂的审批权下放给省级政府。此后，尽管经济放缓、产能过剩，但 2015 年新批准的燃煤电厂数量激增。尽管政府在 2016 年 9 月取消了 15 个燃煤电厂项目，2017 年 1 月又取消了 101 个项目，但如果目前的资本回收规则不改变，高成本低效率的燃煤电厂依然会是地方政府的投资选择，这将继续给社会带来经济以及环境方面的损失。此外，由于燃煤电厂的寿命较长（平均寿命为

40 年），这类高碳排放量的低效率发电的燃煤电厂的持续投资建设还会大大推迟中国走向更清洁能源的进程。

最后，省级电网公司同时也是省内系统运营商。由于电网公司在调度顺序过程中的电力购买没有基于市场价格最低原则，即使其他省份发电成本较低或相关降碳技术较先进，电网调度仍倾向于优先考虑本省份的发电机组。这种地方保护主义导致了一些可再生能源丰富的省份有很高的风能和太阳能弃电率，政府虽然意识到这些跨区域交易和合作的障碍，并试图消除它们，但收效并不显著。

2.4.2 电力定价

中国的电价受政府的高度监管。2004 年以前，电网公司的批发价是根据发电机组的实际情况，由“成本 + 合理回报”模型确定的。自 2004 年起，国家发改委开始根据技术类型和地理位置确定上网电价，且这些价格不会经常被调整（“煤电价格联动”是一个例外）。目前，全国火电平均电价在 0.4 元 / 千瓦时左右，风电为 0.5 元 / 千瓦时，太阳能为 0.75 元 / 千瓦时，核电和水电仍按具体情况定价。

具体来说，国家发改委为每个省份制定了不同的火电电价（见表 2.1），并根据区域资源质量制定了不同的风能和太阳能电价（见表 2.2 和表 2.3）。在零售方面，价格原则上由“上网价格 + 输配电成本 + 政府附加费”决定。但由于中国电网公司的垄断力量，使输配电成本的计算缺乏透明度。在实践中，电网公司的收入来源于零售价和批发价的差价，因此，他们有动力同时利用发电厂和消费者赚取更多利润。居民用电价格倾向设定较低，由工商用户补贴，因此住宅和大型工商业用户的价格信号都被扭曲了。

表 2.1　2017 年中国各省（直辖市、自治区）火电上网电价

（单位：元 / 千瓦时）

地区	电价	地区	电价	地区	电价
北京	0.3515	江苏	0.378	海南	0.4198
天津	0.3514	浙江	0.4153	重庆	0.3796
河北东部	0.3634	安徽	0.3693	四川	0.4012
冀南	0.3497	福建	0.3737	贵州	0.3363
山西	0.3205	江西	0.3993	云南	0.3358
内蒙古西部	0.2772	山东	0.3729	西藏	—
辽宁	0.3685	河南	0.3551	陕西	0.3346
吉林	0.3717	湖北	0.3981	甘肃	0.2978
黑龙江	0.3723	湖南	0.4471	青海	0.3247
内蒙古东部	0.3035	广东	0.4505	宁夏	0.2595
上海	0.4048	广西	0.414	新疆	—

表 2.2　2017 年中国陆上风电上网电价

（单位：元 / 千瓦时）

地区类型	电价	具体使用区域
Ⅰ类地区	0.4	内蒙古自治区，除赤峰市、兴安盟、呼伦贝尔市外；新疆维吾尔自治区乌鲁木齐、克拉玛依、石河子
Ⅱ类地区	0.45	河北省张家口市和承德市；内蒙古自治区赤峰市、通辽市、兴安盟、呼伦贝尔市；甘肃省嘉峪关市、酒泉市；云南省
Ⅲ类地区	0.49	吉林省白城市、松原市；黑龙江省鸡西市、双鸭山市、七台河市、绥化市、伊春市、大兴安岭地区；甘肃省，嘉峪关市和酒泉市除外；除乌鲁木齐、伊犁哈萨克自治州、克拉玛依市、石河子市外的新疆维吾尔自治区；宁夏回族自治区
Ⅳ类地区	0.57	未包括在类型Ⅰ、Ⅱ和Ⅲ中的任何其他地区

表 2.3　2017 年中国太阳能上网电价

（单位：元 / 千瓦时）

地区类型	电价	具体使用区域
Ⅰ类地区	0.65	宁夏；青海海西；甘肃嘉峪关、武威、张掖、酒泉、敦煌、金昌；新疆哈密、塔城、阿勒泰、克拉玛依；内蒙古除赤峰、通辽、兴安盟、呼伦贝尔外
Ⅱ类地区	0.75	内蒙古赤峰、通辽、兴安盟、呼伦贝尔；河北承德、张家口、唐山、秦皇岛；山西大同、朔州、忻州、阳泉；陕西榆林、延安；青海；甘肃；新疆除Ⅰ类地区外
Ⅲ类地区	0.85	未包括在类型Ⅰ、Ⅱ中的任何其他地区

表 2.4 给出了黑龙江省的零售电价，其中，监管机构需要为不同类型的用户确定十几个价格。在北京和上海这样有峰值 / 非峰值和分段电价的地区，零售价格结构要复杂得多。与“发电配额制”一样，当前的定价机制对长期的碳减排和可再生能源整合有几个潜在的负面影响。

表 2.4　黑龙江省零售电价结构

每千瓦时电费							一次费用	
用户类型	低于 1 千伏	1~10 千伏	20 千伏	35~66 千伏	110~220 千伏	高于 220 千伏	需求（元 / 千瓦 · 月）	变压器容量（元 / 千伏安 · 月）
居民	0.510	0.500	0.500	0.490				
一般工商业	0.873	0.863	0.861	0.853				
能源密集型产业		0.593	0.590	0.578	0.568	0.558	33	22
农业	0.489	0.479	0.477	0.469				

首先，为增加风电和光伏发电的渗透率，电力市场需要提供精准的价格信号，鼓励备用容量、电力系统灵活性及备用发电机组的投资。目前固定的上网电价无法为建设天然气“峰值”电厂或更灵活的燃煤电厂提供经济激励机制，它们运营成本较高，但启动速度快，是满足电力需求激增和支持可再生能源的理想选择。但现在的实际情况是，即便在可再生能源丰富的省份，大多数正在建设或计划中的新电厂仍然是规模庞大、缺乏灵活性的燃煤电站。在大多数情况下，高峰负荷必须由燃煤电站提供服务，这些电厂启动缓慢，需要一直保持运转，这种做法不仅在短期内造成能源效率低下，而且从长远来看还会“锁定”使用更多效率低下的燃煤电厂。

其次，在电力消费方面，随着太阳能和风能的普及，电力需求响应系统将成为应对不同能源需求输出的关键。在先进计量技术、灵活的零售价格的加持作用下，这一系统对消费者的用电时间、行为习惯将产生影响，可更好地匹配电力产出。大型工业用户会调整生产计划，电动汽车车主大概率会选择在非高峰时段为车辆充电。政府监管机构无法实时更新能够反映真实市场需求的实时价格，因此价格最好能够根据市场规则来灵活确定。

最后，要使受管制的电力市场与许多低碳举措目标保持一致是很困难的，特别是碳定价政策，如碳排放交易制度或碳税体系。当前对于可再生能源的政策，旨在通过上网电价或可再生能源组合进行调节。迄今为止，这些政策一直有效鼓励了可再生能源的发展，但当可再生能源的份额达到一定的渗透水平时，政策的可持续性便会受到影响。此外，低碳政策可能会导致非理性投资。从长远来看，碳定价政策可为低碳技术提供精准的经济激励，以参与者的理性市场行为为前提，对价格信号做出反应。但在目前的定价机制下，碳价对发电厂家来说，不会改变电力生产的边际成本。因此，发电厂家没有动力改变其输出模式，消费者也不会因此而受益。由此，碳市场或碳税的有效性将受到极大削弱。资本的逐利性，导致市场不会为投资回报率低的项目买单，这对电力储能，碳捕捉、储存及利用，以及其他颠覆性技术的研发是不利的，会削弱未来的碳减排潜力。

2.4.3 电力传输网络的设计与规划

中国大部分输电网络由两家国有企业所有，即中国国家电网公司和中国南方电网。这两家国有企业同时负责设计和建设新的输电线路。在过去的 10 年里，这两家公司，尤其是中国国家电网公司，在建设用于区域互联和可再生能源整合的特高压交流（1000kV）和直流（800kV）输电线路方面取得了显著进展，如表 2.5 所示。

表 2.5 中国超高压交流（1000kV）和直流（800kV）输电线路

线路名称	类型	电压（kV）	长度（KM）	额定功率（GW）	建成年份	总投资（亿元）
金东南—南阳—荆门	UHVAC	1000	640	5.0	2009	57
淮南—浙江北部—上海	UHVAC	1000	2 × 649	8.0	2013	185.36
浙江北部—福州	UHVAC	1000	2 × 603	6.8	2014	200
锡林郭勒盟—山东	UHVAC	1000	2 × 730	9	2016	178.2
淮南—南京	UHVAC	1000	2 × 779.5		2016	268
上海—内蒙古西部	UHVAC	1000	2 × 608	NA	2016	175
榆横—潍坊	UHVAC	1000	2 × 1050	NA	2016	241.8
锡林郭勒盟—胜利	UHVAC	1000	2 × 240	NA	2017	49.56
云南—广东	UHVDC	± 800	1373	5	2017	222
向家坝—上海	UHVDC	± 800	1907	6.4	2010	232.74
锦屏—苏南	UHVDC	± 800	2059	7.2	2012	220

续表

线路名称	类型	电压（kV）	长度（KM）	额定功率（GW）	建成年份	总投资（亿元）
糯扎渡—广东	UHVDC	± 800	1413	5	2013	187
哈密—郑州	UHVDC	± 800	2192	8	2014	233.9
溪洛渡—浙江	UHVDC	± 800	1653	8	2014	238.55
灵州—绍兴	UHVDC	± 800	1720	8	2016	211

由于国有企业并不是以营利为目的，而是以提升社会整体的基础建设水平为导向，电力行业没有明确的成本分配机制。虽然这种发展模式有其优点，例如有利于在偏远地区投资建设可再生能源项目，但该模式下的电力系统的经济效率却并不理想。

中国可再生能源在地理上的特征具有分散性，风能、太阳能和水资源最丰富的区域都远离电力消费中心。解决该问题主要有两种策略：第一种策略是建设长距离高压输电线路，连接电力消费中心和资源丰富地区，但这种策略会导致基础设施建设和电网系统升级的成本大幅上升；第二种策略是在电力消费中心附近建设风能和光伏发电项目，虽然这些地方的资源禀赋可能不是最优的，但这种方法可以减轻国家电网的压力和降低基础设施建设的成本。但当长距离输电线路的成本完全社会化时，发电厂商往往会倾向于在经济发展较慢的地区建设过多的容量，降低各方面的成本。近年来，在风能和太阳能资源丰富的省份，普遍存在高弃风弃光率，部分原因也是输电和发电之间缺乏协调。

2.4.4 碳市场和碳税政策

合理的碳定价政策，一直被学者和决策者视为能够实现碳减排目标的有效方法。出于多种原因，中国倾向于实施碳市场，而非实施碳排放税政策来达到碳减排目的。

2013年，国家发改委在5大城市（北京、上海、天津、重庆、深圳）和2大省份（广东省、湖北省）启动了7个限额与交易市场试点项目。2017年底启动的全国碳排放权交易市场，被广泛视为中国实现碳减排目标的关键。

2017年12月，中国国家规划第一阶段的重点是建立国家碳市场框架。首先在电力部门进行“试运行”，随后将覆盖范围扩大至其他碳密集型产业。

一旦碳市场框架完全建立起来，相关的全国碳排放限额与交易制度将有可能成为中国气候治理的一个关键管理方针，以及实现其碳减排目标的主要政策工具。碳定价将使燃煤电站的二氧化碳排放的外部问题逐步转变为自我设限的内部约束，并使可再生能源在经济上更具竞争力。

原则上，这种碳定价模式比基于补贴的政策更具成本效益。因为它允许市场参与者根据自己的情况选择最佳的降碳方案，而不是依赖政府制定的一刀切的标准。这种碳定价模式，从长期来看，有助于促进各种低碳技术的发展，如碳捕捉及碳存储等。

然而，因为碳排放权交易是一种以市场为基础的政策工具，只有在运转良好的完备市场机制下实施才最有效。在中国电力部门现有的政策体系下，碳排放限额与交易系统的有效性将会被削弱。

中国虽是一个市场经济国家，但具有中央计划经济体制的许多特点，尤其是国有企业，几乎垄断了国家的能源供应，对国家政策的制定具有强大影响力。由于国有企业不像追求利润最大化的民营企业那样行事，其具体经营行为可能会降低中央干预与碳交易计划的效率，使现有的国家政策并不能够充分地调动碳交易市场的积极性，无法使各方参与者的利益最大化。

此外，由于“平均调度”原则和固定电价，作为最大排放源的电力部门将无法及时应对碳价格的变化。国家碳排放交易系统的“试运行”只涵盖电力部门，其试点结果将在很大程度上成为一个可交易的绩效标准。中国国家碳排放权交易体系的一个显著特点是可解决固定电价问题，该体系既涵盖了直接排放（如来自电厂的排放），也涵盖了间接排放（如体现在热量和电力消费中的排放）。但这种方法会导致对某些排放源的重复计算，并可能扭曲市场价格信号。为确保碳排放限额与交易制度的有效性，中国需进一步深化国有企业的市场化改革，特别是在能源和电力行业。

除了在监管方面的挑战，碳排放限额与交易制度还面临其他挑战，其中最突出的挑战是缺乏法律基础、制度可靠性，以及可核查碳排放数据的基础设施。中国的碳市场应该从长远的角度进行评估。

如果中国希望在2030年实现碳达峰，即使碳排放限额与交易制度在短期内可能取得的成效有限，中国也需着手开始实践该制度。唯有长期坚持，在相关机构的能力与经验提升之后，碳排放限额与交易制度才可能会成为一个有效和高效的工具，引领能源投资和优化利用不同的低碳能源选择方案。

2.5 政策建议

2.5.1 非歧视性系统运营商与竞争性批发市场

近20年来，发电配额或“三公调度”一直是中国电力市场改革的重点。2002年的改革有两大主要目标：其一是将发电与电力传输分开；其二是建立以市场为基础的竞争性定价机制。第一个目标在国家电力公司被拆分为五家国有发电公司和两家电网公司的这一年便实现了。但第二个目标的进展陷入停滞状态，部分原因是随后几年电力需求的快速增长，使得国家将重点从实施改革转向确保电力的充足供应。

自 2015 年以来，随着经济增长放缓，燃煤电站的运行时间明显低于最佳水平，发电产能过剩已成为一个显著问题。同时，减少空气污染和碳排放的当务之急是限制燃煤电厂。这种市场经济的力量为逐步淘汰效率低下的发电厂提供了时机。

2015 年 3 月，国务院发布了《关于深化电力行业改革的意见》，启动了新一轮改革，几个省份被选为不同的改革试点省份。其目的是为今后国家电力行业的全面改革积累丰富的经验。例如，云南省的试点项目侧重于独立计算输配电成本，而广东省的试点项目则侧重于区位边际价格和现货市场。

在所有的改革举措中，用灵活的市场竞争机制取代当前的发电配额是争议的焦点。有研究指出，市场化改革的结构性障碍之一是电网公司在批发和零售市场上都具有垄断权，同时它们也是系统运营商。此外，电网公司的收入由批发和零售价格的差异决定，这就造成了电网调度的利益冲突。为建立一个有竞争力的批发市场，中国可引入独立于网络所有权的系统运营机构（ISO 模式），或将市场与调度分离，而调度操作与电网所有者保持一致（TSO 模式）。

无论哪种方式，最重要的是要使输配电公司对所有发电厂都一视同仁。体制运行改革的核心思想是“规范监管电网，放开批发和零售市场”，而不是“规范监管批发和零售市场，放开电网公司”的模式。电网公司应负责开发和维护输电线路，而将其批发和零售职能移交给各地的市场参与者。输配电费用应基于“成本 +”模式，该模式依赖于透明的传输成本计算，并接受公开听证会和监管机构的审查。

此外，为加快降碳速度，电网调度规则必须基于实际业绩和低碳意识，以确保低边际成本的可再生能源电厂将优先被调度上网。需要承认的是，这种转变前期应该会遇到很多阻力和困难，并会造成一些损失，这都需要政府利用财政补贴和相关配套政策来弥补。

2.5.2 制定促进降碳的定价机制

为加快降碳速度，中国需要一个能够为投资者和消费者提供准确市场价格信号的监管体系。前文讨论的竞争性批发市场和透明的输配电价格是定价机制的组成部分。此外，在可再生能源密集型电网中，其间歇性会影响负荷曲线和系统的可靠性，这就需要与之相适应的备用服务系统。因此，政府需要通过鼓励对灵活电力备用容量系统的投资和参与需求响应来提高系统灵活性。

随着可再生能源渗透率的提高，政府应鼓励对快速反应发电系统的投资。与此同时，政府应反对新建低效能、不灵活的燃煤电厂。一个具有当地边际电价和拥堵收费等特征的高效电力市场，可提供有效的市场激励。但在现实中，由于市场信息的不对称和长期投资的不确定性，导致电力现货价格偏低，需政府通过一些政策来引导投资，如补贴、减税、低息贷款等。

此外，结合先进的计量技术对电力需求侧进行灵活定价，对市场激励的作用很大。占电力消耗 70% 的大型工业和商业用户对需求响应至关重要。当前的交叉补贴应被取消，能够反映实时供应成本的灵活价格将有助于拉平负荷曲线，且有助于电力系统以更经济有效的方式运营。对于民用消费者来说，在部分城市使用目前的分层价格可作为一个很好的起点。随着电动汽车的发展，实时价格对鼓励车主在非高峰时段给车辆充电至关重要。

2.5.3 输电与发电建设的综合规划

市场化改革在电力系统运行和定价方面至关重要。在国家能源系统规划中，长距离输电线路建设的成本较高，投资回报期较长，且往往需要在发电设施建设之前进行规划，因此存在很大的不确定性。单个市场参与者很难承担所有的风险，因此，需要通过强有力的国家干预和金融支持，才能推动如此大规模的基础设施项目，而这也是中国政府的优势。在过去的 10 年里，中国已经成为建设特高压输电线路的世界领导者。

截至 2017 年 6 月，中国已建成 8 条 1000 kV 高压交流输电线路和 7 条 800 kV 高压直流输电线路，实现了大型电力基地与负荷中心的对接，建成大规模同步电网。此外，更多旨在促进可再生能源并网和缓解东部空气污染的特高压交流和特高压直流输电线路正在建设中。

然而，有反对者认为，特高压输电项目对新能源电力的传输所产生的经济效益并不优于对传统电力的传输系统。由于大多数电力设施项目的成本都是社会化的，这意味着建设新能源项目的费用，要么被传递给最终用户，要么由政府来承担。其结果是，发电投资者在选址时，通常缺乏对输电线路建设成本的考虑。

中国目前的战略是在可再生资源质量最好的偏远地区建设大规模的可再生能源基地。目前，中国 9 个 10GW 的风力发电基地，大多位于偏远地区。但这些地区远离能源需求中心，需要长距离的输电线连接供应中心和需求中心，这将显著增加可再生能源的隐性社会成本。

从长期降碳的角度来看，为提高未来大规模可再生能源整合的潜力，国家对特高压输电线路的投资是必要的。但与此同时，完全忽视市场信号可能会导致代价高昂的后果。一个更清晰的成本分配机制将促使项目在更经济合理的地区进行可再生能源投资，并提高整体经济效率。例如，对发电商征收批发输电费，可以激励投资者做出对社会更理性的决策。对于特高压直流输电线路来说尤其如此，特高压直流输电线路主要用于连接偏远地区的发电机组，对系统互联和可靠性的贡献很小。换言之，即使在一个理想的、由政府规划主导的模式中，市场信息的整合也至关重要，可显著提高协调性和效率。

2.5.4 协调电力政策与低碳政策

电力系统是低碳转型中最重要的环节。为促进长期降碳，中国的电力政策与低碳政策需要在各个阶段发挥调节作用，包括从系统运行到定价，再到输电线路的规划。首先，系统运行在调度时应优先考虑可再生资源，并对发电备份和电力储能服务提供激励，以解决可再生发电的间歇性问题。其次，碳定价政策，特别是碳排放限额与交易制度，需要与电力市场改革同步发展。这两项举措都是国家“全面深化改革”和“让市场在资源配置中发挥基础性作用”的亮点。如果电力市场没有运行良好的价格信号，那么基于市场的碳定价政策将不会有效。发电配额需要被竞争性的市场取代，电价需要由市场决定，这样碳价格才能及时反映在电价中。最后，由于输电系统的限制，一些现行政策无法实施，如上网电价和可再生能源组合标准。因此，可再生能源政策和传输基础设施规划之间，需建立双向沟通机制。

2.6 本章小结

随着中国能源发展的重点从保障供应向低碳转型，中国需进行一系列改革，以应对在提高低碳能源渗透率和减少燃煤电站方面的挑战。系统运行、电价定价以及输电和发电规划是三个主要的政策问题，需根据它们各自的特点分别采取不同的解决方案。

关于系统运行和定价问题，存在一个理论上最优的解决方案——独立的系统运营商、非歧视性的电力上网权利、完整的市场信息和准确的当地边际价格，如果这些条件都能得到满足，电力市场将会是一个最优和最有效市场。当然，这仅是一种理想状况。但这种理想状况，作为指导中国电力行业改革的参照，还是有一定借鉴价值的。电力行业市场化改革的问题有许多层面：发电侧的竞争、消费侧的灵活选择、反映实时发电和输电的准确成本价格、独立于电网公司的交易和调度机构等。对于中国的减碳进程来说，前三项，尤其是准确的成本价格，对于低碳电力系统是极为重要的。后两项更有争议，但是其重要性不如前面三项。具体来说，私有化可能不是长期规划的理想模式，如前文所述，将“平均配额”改为“经济调度”，并允许市场竞争者决定批发和零售价格，应成为电力改革的基础组成部分。总体而言，电力部门应创造市场信号，以优化发电厂商的电力生产并引导消费者行为，促进其他低碳政策，如碳定价和可再生能源整合。

就基础设施规划而言，协调国家规划与市场机制的关系是核心挑战。由于能源系统规划的长期性、电网系统的自然垄断以及企业短视投资行为，实际电力市场的运行对于加强数十年后的减碳能力并不如预期理想。但中国的优势在于有能力制定长期规划并可以很好地贯彻实施这些规划。

总之，减少电力系统的碳排放，尤其是减少燃煤电厂的碳排放，是中国 2030 年后减碳过程中最重要的目标。

第 3 章　推动可再生电力的大规模部署与消纳

彭暐　茆智敏　迈克尔·R. 戴维森

3.1　概述

可再生能源将在中国深度降碳战略中发挥核心作用。通过扩大可再生能源的产能，加之需求部门（尤其是交通运输部门）的电气化来实现系统降碳，是中国实施减少碳排放发展计划的必由之路。

在过去的 10 年中，中国在可再生能源领域投入了大量资金，尤其是风能和太阳能。投资总额从 2004 年的 20 亿美元，增至 2016 年的 1200 亿美元以上。截至 2018 年底，风电并网总装机容量从 2GW 增加到 180GW 以上，太阳能装机容量从不足 1GW 增加到 170GW 以上。迄今为止，中国已成为全球最大的可再生能源投资国和部署国。

此外，中国还制定了一个计划，在未来的 10～15 年，进一步扩大国内可再生能源的应用部署。总体而言，中国的目标是在 2030 年以前，将非化石能源在总能源结构中的比例提高到 20%。在"十三五"规划中，中国计划到 2020 年将风电并网装机容量提高到 210GW（包括

5GW 的海上风电装机容量），占总装机量的 6%。“十三五”规划中制定的 2020 年太阳能安装目标已于 2017 年底实现。此外，中国还提出了 2030 年实现 35% 可再生能源发电的国家目标。如此强劲的新能源发展势头，在一定程度上是因为中国需要减少对煤炭的依赖，从而降低大气污染，同时增强国内制造业的核心竞争力。

尽管中国成功并迅速扩大了可再生能源的装机规模，但近年来，将可再生能源电力整合到以煤炭为主导的中国电力系统中已成为一项挑战。在全国范围内，弃风弃光率一直很高：当风能、太阳能资源可用时，存在发电机组的有效并网发电量被限制的情况。

以 2018 年为例，有 28 TWh 的风电被限制上网。在中国北方一些主要风区的弃风率较高，如内蒙古的弃风率为 10%（7 TWh），新疆为 23%（11 TWh），甘肃为 19%（5 TWh）。除风能外，太阳能发电的弃光率也成为一个问题。如此高的弃用率是由多种因素共同造成的，例如燃煤电厂在适应间歇性可再生能源方面缺乏灵活性，电网公司和发电公司缺乏整合不可调度能源的动力，以及输电能力不足。

可再生能源的集成由于其可变性和可预测性差，对电力系统的传统运行提出了挑战。风能和太阳能资源在短时间内变化很大，提前一天左右预测这些可再生资源的可用性是很困难的。因此，当可再生能源发电出现突然变化时，系统运营商必须做出快速且大幅度的调整以平衡电力供应和负载，其中包括调整非再生能源电厂的输出（包括启动或关闭）以及削减可再生能源供电。

此外，可再生能源发电渗透的影响，在很大程度上取决于电力系统的配置，以及可再生能源的渗透规模。中国严重依赖燃煤电厂，这些燃煤电厂很难在短时间内调整发电能力。此外，研究显示，可再生能源发电的高渗透率（超过 50%）与低渗透率（低于 10%）产生的影响显著不同。随着可再生能源供电的大规模渗透，净负荷的变化会更大。净负荷，即可再生能源发电实际提供的不间断电量，等于实际总负荷需求减去间歇性可再生能源发电量后生产的电量，这将需要新的技术（如储能技术）和实践操作相结合。因此，至关重要的是，在规划可再生能源发电高渗透率时，要同时充分考虑应对中期挑战，通过结合灵活的发电技术、先进的输电技术、储能和需求侧管理措施等广泛的技术解决方案来实现。

3.2 中国可再生能源的治理结构和政策

作为政府规划机构，国家发改委和国家能源局继续在国家层面制定推进可再生能源发展目标的中长期规划。其他几个机构也进行了全面的可再生能源发展计划和执行工作。国务院、财政部和科技部，以及前国家电力监管委员会等机构都在可再生能源政策的中央层面发挥了作用。

中国实施了一系列支持可再生能源发展的关键政策。最值得关注的是，自 2005 年《中华人民共和国可再生能源法》出台以来，可再生能源行业经历了快速增长。最初的发展主要集中在中国可再生能源技术制造业的扩张。但随着制造能力的增强，国内的风力发电机组及太阳能组件出现了生产过剩的状况，因此，中国从“十二五”规划起，便鼓励在国内市场安装更多的新能源发电设备。

继《中华人民共和国可再生能源法》之后，中国又推出了上网电价制度，以支持对风能和太阳能的投资。采购价格由国家发改委制定，具体根据可再生能源的技术特点、地理位置和当地可再生能源等级等因素确定。上网电价随着可再生能源成本的下降而逐步下调。

2018 年，中国政府根据当地风能资源潜力，将四类地区的陆上风电上网电价下调至 0.4~0.57 元 / 千瓦时。一、二、三类资源地区光伏发电机组上网电价分别降至 0.5 元 / 千瓦时、0.6 元 / 千瓦时和 0.7 元 / 千瓦时，监管机构根据具体情况每年进行调整。最初，风光发电商抱怨补贴支付延迟会给项目开发商带来巨大的收入不确定性。不过这类投诉近年来一直在减少。

鉴于主要可再生能源生产地区弃风、弃光率较高，中国政府采取了一系列措施来减缓并网困难地区的新增风电及光伏项目建设，并加快输电线网接入。例如，国家能源局每年都会对各省的风能投资和整合情况进行评估，并根据该省目前的整合水平对新项目实施采取不同级别的限制。“红色预警”省（自治区），如 2017 年的黑龙江、甘肃、新疆、吉林、内蒙古、宁夏，被政府要求推迟已批准的风电项目建设，并在弃风电率降低之前，不得批准任何新项目。

此外，中国在 2019 年推出了可再生能源配额制度，为可再生能源电力使用分配了省级配额。根据公告，2020 年非水电可再生能源电力配额需在 2.5%～20%。电网公司、电力零售公司和大型终端用户可直接购买一定比例的可再生能源电力配额。

3.3 将整合大规模可再生能源纳入中国电力系统的关键考量

3.3.1 可再生资源供电和需求中心之间的地缘不匹配

中国拥有丰富的风能和太阳能资源，但它们大都集中在人口密度和电力需求较低的东北部和西部地区。中国的工业和城市中心主要位于中国的东部和南部地区。这种地理上的不匹配给可再生能源的利用带来了挑战。尽管海上风电正在中国逐步崛起，但其目前的部署规模和目标远小于陆上风电容量。2020 年，中国 210 GW 的并网风电容量目标只包括了 5 GW 的海上风电。

3.3.2 可再生能源发电当前格局：资源丰富地区的可再生能源集中开发

在过去的 10 年中，可再生能源发电的发展主要集中在资源丰富的地区。自 2009 年以来，中国已在风能资源较好的省份规划建设了 7 个 GW 级别的风电生产基地。然而，这些省份对能源的需求相对较低，消纳可再生能源发电的能力也较为有限。生产和需求在地理上的不匹配，加之区域间输电线路的不足，成为使用可再生电力的主要障碍之一。

由于可再生能源项目的审批和建设过程远比长距离输电线路耗时少，当前中国输配电增容的发展落后于可再生能源生产容量的发展。跨区域输电增容的审批和建设一直由政府管辖，所需周期较长。风能和太阳能项目由省级政府批准（2011—2012 年除外，在此期间，政府收回了 50 MW 以下的风能项目的批准权）。鉴于地方对吸引新投资、提高地方 GDP 以及创造就业的激励措施，这些项目无论能否并网，都获得了省级政府的批准。针对以上这些问题，政府于 2016 年开始制定省级安装目标和 / 或上限，并让省级政府仅审批在目标范围内的新项目。

近年来，政府在可再生发展规划中明确考虑了输电需求，与此同时，长途输电线路的建设也在加快进行。中国东部省份对空气污染的担忧，以及减少地方燃煤发电的迫切需要，在一定程度上推动了输电系统的扩张。例如，2014 年，12 条由西向东的长距离输电线路被批准为“大气污染治理输电走廊”。中国也是设计、研究和部署特高压输电线路的领先国家。特高压线路是实现远距离输电的关键技术。截至 2021 年，国家电网公司已建成特高压交流线路 14 条、特高压直流线路 12 条，在建特高压交流线路 2 条、特高压直流线路 3 条，工程总长度达 4.1 万公里。中国 3/4 的煤炭资源都位于北部和西北地区。将燃煤发电转移到内陆省份，在继续使用煤炭的同时，还可缓解中国东部地区的空气污染问题。

此外，由于可再生能源的间歇性输出，输电资产的低利用率造成了低经济效益。输电容量利用率低会减少输送和销售给终端用户的电量，从而减少收入。由于风能和光伏发电是可变的，容量利用率相对较低，专用于可再生能源电力传输的输电线路必然会有较低的利用率，从而对收入造成影响。

中国目前正在试行的短期解决方案，包括从电力生产区传输可再生能源和其他电力资源的“混合”线路，将带来更高、更稳定的负载系数。例如，两条特高压直流输电线路正在从中国西部向东部试点一种风电和煤电混合发电方式传输，在实际传输过程中，由于难以分别其来源，很难量化风电和煤电的相对贡献。虽然煤炭并不是解决间歇性风力输出的最佳选择，但作为长距离可再生能源电力传输技术和经济模型的尝试案例，它无疑是正确的努力方向。尽管政府有扩大跨地区输电网能力的计划，但由于制度原因，地区间完成大规模电力交易具有挑战性。

3.3.3 增加靠近电力需求中心的可再生能源项目开发数量

主要产出区的并网困难问题导致资源丰富省份的项目年平均运行时间较低。例如，青海省尽管风能资源丰富，但 2018 年，其风电项目平均运行时间最低。相比之下，云南的平均运行时间最高，为 2654 小时，尽管当地的风能资源潜力为全国最低。

受当前一体化挑战的地区差异的驱动，政府开始减缓在已经遇到可再生能源一体化困难地区的新项目建设（如前文所述，在弃电率高的“红色预警”地区，严禁新项目的建设）。因此，许多南方省份，如云南、四川等，已成为重要的风区。与此同时，一些风力充沛的省份（自治区），如吉林、宁夏等，已放慢了新项目的建设审批步伐。

此外，政府还制定了政策激励措施，鼓励资源禀赋欠佳，但靠近需求中心的地区发展可再生能源。例如，政府已为华东地区制定了无须依赖跨地区长距离输电的分布式光伏发电目标。尽管分布式光伏发电初期的发展速度落后于预期速度，但自 2013 年以来，分布式光伏系统的扩张速度已加快。然而，分布式光伏系统的规模发展是否能应对中国的降碳挑战，仍存在很大的不确定性。

3.3.4 其他国家应对可再生能源发电区域和需求中心不匹配问题的经验

不少国家也经历过类似的可再生能源发电区域和需求中心的不匹配问题。解决方案归结为各国能否通过快速发电、需求响应、储能、调整平衡区、扩展输电系统和其他技术来解决电力供需之间的短期和长期不匹配问题。

2017 年 2 月，美国西南电力网群成为北美第一个风电渗透率超过 50% 的区域输电系统。这一里程碑式的突破应归功于其地理位置和强大的传输系统，使得偏远的风电场与人口中心连接起来。美国得州电力可靠性委员会（ERCOT），通过扩大输电容量（如将输电间隔从 15 分钟减少到 5 分钟）和重新设计市场，将弃电率从 2009 年的 17% 降至 2013 年的 1.6%。

在 2016 年将太阳能和风能发电份额迅速提高至 6% 后，智利正面临着整合可再生能源的挑战，以实现其到 2035 年，可再生能源的供电比例达到 60% 和 2050 年达到 70% 的可再生能源的长期目标。光伏发电的初始安装集中在智利北部太阳能资源丰富的偏远地区。然而，这增加了电力传输的挑战性，尤其是在北奇科地区。截至 2017 年底，太阳能和风能装机容量约为 3100MW，但需求量仅为 1000MW。此外，智利加强了独立电网系统、大北部电力互联系统和中央电力互联系统之间的互联程度。

自 2014 年以来，德国经历了可再生能源弃电率的快速增长，尽管比例相对较低，2014 年弃电率约为 1.2%。这是因为北方的风力发电无法到达南方的电力需求中心。虽然早期的发展集中在资源丰富的北部平原和沿海地区，但技术的进步使风机能够在风力条件较弱的地区运行。由于风力技术的发展使其可以在低风速地区运行，这也使得风力发电在德国的扩展变得更加均匀。

3.3.5 系统灵活性挑战

风能和光伏发电高度间歇性和不可调度的特点给电力系统带来了新的挑战。

目前，具有较低渗透率（全国不到 5%）的间歇性可再生能源并网已对中国电力的调度、定价和实际运营提出了巨大挑战。因为这些运营系统主要是为以煤炭为主的电力系统而设计的。随着波动性较大的可再生能源接近或达到为深度降碳设定的发电渗透率目标水平，这些问题将更为显著。

3.3.6 实现降碳目标对传统发电系统的挑战

从工程的角度来看，为保持供需的瞬时平衡并确保电网的稳定性，可再生能源发电波动性将对发电系统产生更大的挑战。煤炭发电目前占全国发电总量的 70% 以上，在风能和太阳能发电项目集中的北方地区，煤炭发电的占比甚至比其他地区更多，因此，煤电在短期及中期不得不成为平衡电力供应的一个重要来源。

然而，燃煤电站在启动、关闭和改变输出电量的速度上是有限制的。例如，燃煤机组通常以每分钟 1.5%~3.0% 的速度改变其发电量，而且燃煤电厂的效率在低发电量和频繁增产时也会降低。

水电可能比煤炭能提供更大的灵活性，这得益于它的位置和技术类型。在水力电厂与大型水库相连的地方，水力发电可以在几天，甚至几个月内跨区域调度。这些水电设施，如三峡水电站，因受到季节性降雨的限制，在冬季的可用性通常较低。径流式发电，尽管短期变化较小，但它就像风能和太阳能一样是不可调度的。目前，更有效地利用这些水电资源的主要障碍是它们与风能和太阳能的地理位置不匹配：中国大型水力发电项目集中在中部和南部地区，而风能和光伏发电在北部地区占主导地位。

抽水蓄能系统（PHS）由一个额外的蓄水池和抽水泵系统组成，该系统允许将水储存在较高海拔的地方，以便在之后需要时进行发电。抽水蓄能系统的往返效率约为 75% 左右，这意味着 25% 的能量在抽水和发电的过程中损失掉了，这与电化学电池的储能损耗比例相当。在中国，抽水蓄能系统的容量在 2014 年底达到 22GW，居世界第一，目前还有 27 个抽水蓄能系统项目正在建设中。现有的和计划中的抽水蓄能系统项目大都位于中国东部地区，更多的扩张计划在北方地区。在“十三五”规划中，中国计划到 2020 年将抽水蓄能系统总容量提高至 40GW，其中 11 GW 计划安置在弃风率较高的 3 个北方地区。

天然气发电机比煤炭更灵活，因此更易于整合可再生能源。例如，它们发电输出率可提高至每分钟8%左右，比煤炭高3~5倍。然而，目前中国大部分天然气供应优先用于发电以外的领域。如住宅用途和供暖。尽管中国通过各种方式积极扩大天然气供应，但天然气的高价格仍将是提高电力部门利用率的主要障碍。

3.3.7 电网的灵活性

电网的灵活性也是资源整合的决定因素：一般来说，增加发电资源的区域规模将降低总体平衡和可靠性要求，从而降低管理可再生能源可变性的成本。就中国而言，这意味着电网互联的区域将比电网独立管理的省份更有效率。

电网的灵活性与高压输电实体资产在电网侧的配置，以及这些资产如何通过市场化的方式获得回报等因素有关。如前文所述，中国正在通过特高压线路大规模扩展其输电网络。然而，目前的实际运营情况大多是提前几个月，甚至一年对这些线路的电能量和/或每日配置进行调整。在这种模式下，它们虽然提高了对额外需求的响应能力，但对电网灵活性没有效果。

除特高压线路外，中国还扩大了传统高压线路的建设，为各省内部和相邻省份之间提供连接。在某种程度上，如果允许这些线路电流量以每日为间隔变化，它们还会提供更大的电网灵活性。

3.3.8 其他国家改善电力系统灵活性的经验

如前文所述，美国得州电力可靠性委员会能够在不明显弃电的情况下整合大部分风电，主要是因为它使用高效的电网操作程序并可进入其他能获得灵活资源的大型电网操作区。日前市场和实时电力市场，能够以更低的成本更为有效地响应风能输出的变化。

近年来，在丹麦西部，可再生能源在20%的时间里提供了超过90%的总电能。尽管风电渗透率很高，丹麦与邻国电网的互联，以及热力与电力灵活性相互转换技术的应用，为系统提供了灵活性冗余，实现了低弃风率。丹麦及其邻国建立的北欧电力市场（Nordpool），使瑞典和挪威的水电能够为电网提供具有成本优势的短期灵活性保障。

2017年，德国22%的电力生产来自风能和太阳能。德国的电网灵活性之所以高，得益于其在核电、煤炭、天然气、水电等传统能源上的充足可调度能力，扩大区域平衡和常规能源发电机组提供的系统灵活性。

3.4 中国高比例可再生能源系统的基础要素

3.4.1 灵活的传统发电系统

3.4.1.1 灵活运行的设计和改造

中国之前的燃煤电厂设计是以高负载且稳定的基本负荷发电为前提的，而这个前提在低碳发电系统中是不存在的。虽然目前还没有全面的统计数据，但实际上，中国的超超临界电厂很少在峰值效率（超超临界电状态）下运行，即使在当前可再生能源供电水平较低的情况下，能否在峰值效率下运行也变得不那么重要。电力行业应该考虑应对各种变化的灵活性，并且在峰值效率提高和部分负荷运行优化与循环之间权衡取舍。

德国、丹麦和美国的经验表明，即便是老旧的燃煤电厂，也可适应因可再生能源并网和经济驱动因素而变得更加多样的电网调度系统，原因在于适应灵活性运营节省的燃料成本已超过了系统组件寿命减少的损失。在“十三五”期间，中国已为220GW的燃煤电站制定了灵活性改造目标，但没有设定明确的技术规范或预期的性能指标。

目前，核电的发电量仅占总发电量的一小部分，并且以相对平稳的基本负荷发电运行。然而，为了实现中国核电扩张的目标，包括在北方地区的核电扩张，也将对核电灵活发电产生额外的需求。基于法国的运营经验，硬件和运营方式的更新改进大大提高了核电的灵活性，使得核电为法国提供了大约 75% 的发电量。

3.4.1.2　改善热电联产系统的集成度和灵活性

针对中国北部地区设计的燃煤热电联产电厂，已被各种城市化政策广泛采用。热电联产的效率优势需仔细权衡考虑大型煤炭热电联产与降碳目标的长期不相容性和对限制可再生能源发电的直接影响。以电力为基础的热能技术应在一系列长期减排指标上，加以探索和评价。在短期内，与纯发电厂类似，并且如本书第 6 章所述，热电联产电厂有潜力通过硬件和操作上的变化来提高其系统灵活性。

3.4.1.3　市场与激励：电力供应更高效运行的途径

由于缺乏激励实施措施，硬件和运营改进更新的机会在很大程度上都被忽视了。在中国，发电厂的电价不会在短时间内发生改变——尽管这是其他大多数国家鼓励使用的灵活平衡可再生能源的主要手段。

供暖行业存在更大的激励问题，因为大多数城市的供暖价格不足以覆盖生产成本，且由于供暖计量设备的局限，消费者并不会按照实际的使用量来支付取暖费用，这导致消费者对热电联产和电气化的改进兴趣不大。一个高效的供暖行业需要一系列的改变，包括更好地监测和控制供暖供应，以及更好地协调电力和供暖供应的关系，鼓励灵活的电力供应，制定合理的供暖价格。

对电网公司的强制性要求，不能有效解决目前的问题。中国也在试行和进一步研究激励措施，比如竞争性的峰值市场。从长期来看，通过设立短期竞争性招标市场自然优选出零边际成本可再生能源的“经济调度”已是必不可少、势在必行。

3.4.2 适当扩大综合输电网络规模

3.4.2.1 使用适当的互联管理可变性

一个大型且运转良好的输电网络是整合可再生能源、平滑其可变性，并允许人们获取更多灵活资源的重要组成部分。中国已成功建设大量的输电线路，成为世界特高压线路建设部署的领导者。中国目前还在规划和建设更多的特高压线路。中国国家电网研究指出，增加长距离输电是减少中国西北和东北地区限电的必要手段。然而，为确保收益大于成本，为传输规划建立明确的标准是十分必要的。

输电线路提供了广泛的潜在效益，包括获取廉价的电力资源、节约生产成本、增强市场竞争力等。输电线路应考虑二氧化碳排放影响及其他环境影响。在规划输电线路时，要考虑对当地的影响。例如，在不从电力生产中获利的贫困、人口密度较低的地区，建造更多的煤炭发电线路所带来的影响。

3.4.2.2 未来场景下的长期资产监管

输电线路的定价是输电法规的另一个关键组成部分。一般而言，它应遵循“受益人付费”原则，且与实际输电网络使用情况越吻合越好。目前，中国输电线路定价存在效率低下和操作不当的问题。其中包括区域电网输电费用过高，以及不鼓励基于市场交易的价格规则等。当前一轮的电力改革旨在缓解其中一些问题，但这需要一个强有力的独立监管机构，这在中国电力改革历史中，一直是一个挑战。

在以降碳为目标规划输电网络的前提下，输电网络起到的作用是促进还是阻碍，是重要的考量因素之一，且这很难在成本效益分析中体现出来。例如，连接具有良好风力资源的地区也经常会与矿口燃煤电厂的路线相结合。这些燃煤电厂将在输电线路建成后变得更加具有经济效益。然而，考虑到燃煤电厂的长寿命，可能会对降碳造成一定的阻碍。

3.4.2.3 市场、运营和灵活性法规

有效管理输电网络是至关重要的，因为它不仅会对成本造成影响，还会对竞争市场造成一定的影响。由于煤电和其他发电机灵活运行的激励措施是通过市场制定的，输电系统必须适应这些激励措施。然而，当前输电系统的做法却大大降低了管理的灵活性和有效性，尤其是通过设定较高的预期利用率（这将促使更多传统的电厂，在无风或无光的情况下使用线路），提前一年或更长时间确定发电量曲线，鼓励电网公司通过更恰当的线路来进行电力调度，而不是按照最低系统成本来进行调度。

为了有效、灵活地远距离整合大量低碳能源，中国需要建立一个系统，把受监管的电网活动与市场交易分开。这意味着：首先，输电线需要根据它们的成本（包括任何减少过度建设的激励措施），而不是根据它们的实际使用量，获得相应投资回报；其次，当线路拥堵时，应提高传输电价以鼓励有效利用稀缺传输资源，但这些“拥堵金”不应计入电网公司的总收入；最后，线路损耗成本和其他可变成本应单独处理，并以符合系统高效运行的方式回收成本。

3.4.3 储能技术的发展

3.4.3.1 目前可用的储能技术

电力储能系统提供了一种选择，即在电力供应过剩时，将电能存储下来，在需要的时候，再将电力反馈回电网。这种系统可通过增加可再生能源的成本效益渗透，减少对峰值机组的投资，并提高装机容量利用率，促进可变可再生资源的整合。增加储能容量也是规划设计中国达到更高可再生能源渗透率这一未来电力场景的常用方式。例如，对中国 2050 年可再生能源渗透情景和路线图的研究表明，到 2050 年，中国如想要实现 85% 的可再生能源渗透，将需要 140GW 的抽水蓄能和 160GW 的化学蓄能。

目前，电力储能技术种类较多，其中包括电池储能技术、抽水蓄能技术、压缩空气储能技术和飞轮储能技术等。这些技术在放电时间、额定容量和商业可用性方面具有不同的特点。例如，抽水蓄能技术是一项成熟的技术，目前占全球大容量蓄能总量的 99% 以上。该技术具有较大的能源容量和相对较低的成本，且它的使用寿命较长（40~60 年），放电时间从小时到天不等。

相比之下，传统的电池技术，其额定容量低、成本高，且使用寿命相对较短（5~15 年），存储时间也较短。

3.4.3.2 促进研发和部署的策略

作为平衡可再生能源的一种手段，电网侧规模化储能技术的高成本令人望而却步。与前文讨论的两种选择（灵活发电和一体化传输）相比，美国的一项研究发现，对于两小时的储能，在严格的排放限制下，储能提供的经济价值仅超过当前的技术成本。这表明大幅降低电池技术成本是大规模部署的必要条件。相比之下，抽水蓄能系统是目前为止缓解电力系统波动，成本最低廉的选择。然而，它的部署受到水电资源的限制。由于目前中国大量弃光和弃风主要发生在缺水的北部地区，在缺乏更灵活的区域间传输的情况下，抽水蓄能系统的作用是有限的。

在短期内，电力储能投资需要运作良好的电力交易批发市场和加强经济监管，以鼓励私人资本和具有成本效益的规划公用事业拥有的受监管资产的发展。中国目前的定价机制使得低成本的抽水蓄能系统的经济效益没有发挥出来。市场实践方面的改进将促进那些具有成本效益潜力的其他替代方案的实施，进而提高电力系统灵活性。

更重要的是，持续的研发投资是加速降低电网侧储能技术成本的关键，也是扩大未来可用储能技术选择组合的关键。例如，除电池外，之前的研究还提出了一种潜在的通过调节和储备电力市场来储能的技术方案，即热电联产与热泵相结合的技术。

考虑到目前储能技术的高成本，中国在储能领域的公共财政预算不应大规模用于昂贵的储能技术，而应该用于研发成本更低廉、性能更高效的未来储能技术。

3.4.4 用电侧的灵活性

3.4.4.1 电力需求侧管理系统对高比例可再生能源系统的价值

用电侧的灵活性以几种不同的方式促进可再生能源的整合组成。首先，对于可再生能源渗透率较高的电力部门，鼓励电力用户减少需求或减少总负荷和净需求（即减去风能和太阳能后的需求）。用户对这些需求的响应反过来又可以减轻对冗余备用发电的需求，尤其是在可再生能源可用性较低的时段，从而提高整个电力系统的经济性。

一般情况下，电力需求侧管理系统仅提供给大型工商业客户使用，该系统由于在用电高峰期的价格较高，很少被规模较小的工商业客户使用。然而，随着智能电网技术的发展，这种情况正在改变，这些技术支持开发创新的费率结构和其他机制，以更经济有效的方式实施负荷转移。需求响应程序，如直接负荷控制，也允许公用事业部门直接控制大型设备，如空调和电热水器，以减少高峰需求。

其次，用电需求响应系统为电力系统提供了更大的灵活性和稳定性。例如，在美国，用电需求响应系统正越来越多地为公用事业和系统运营商提供负荷管理。像 ERCOT 这样的地区，其应急冗余储备的 50% 以响应型储备能源的形式从需求响应项目中获得。

自 2007 年以来，美国东部的一个区域性输电互联组织 PJM，通过采购这些电力冗余储备资源以满足未来 3 年的资源充足性，以此将需求响应资源纳入其远期容量市场。

3.4.4.2 中国用电侧管理的现状与挑战

在使可再生能源融入中国相对不灵活的电网方面，用电侧需求响应系统的管理可发挥重要作用。中国能源公司实行了随着发电成本变化而变化的费率结构，即使用时间定价或分层定价，以应对供应短缺或电网系统限制。2003 年，国家发改委开始鼓励对大型工业用户实行分时电价并在适当情况下，实行关键峰值电价，以促进电力需求侧管理。此后，中国开始实施试点项目，以证明用电需求响应管理在提高电网系统效率方面的潜力。

自 2011 年国家发展和改革委员会发布《有序用电管理办法》以来，中国开始在全国范围内鼓励用电需求响应管理。同年，中国开始实施第一个用电需求侧管理规定，要求主要电网公司实现年度节能和减峰目标。2014 年，上海启动了中国第一个大规模的用电需求响应城市试点项目。同年夏天，27 个商业和公共建筑客户和 7 个工业客户宣布对用电需求响应管理项目作出响应，峰值需求平均减少了 10%。

据研究估计，在“基本”“中等”和“乐观”情景下，到 2030 年，中国电力市场潜力分别为 214 MW、790 MW 和 2.5 GW，分别相当于 2030 年预测用电需求峰值的 0.3%、1% 和 4%。因此，中国或许可通过扩大该用电管理项目规模来实现用电需求峰值的大幅降低。

价格引导的用电需求响应，在扩大可再生能源区域供热方面也可发挥一定的作用。可再生能源在用于供暖和制冷的同时，对减少二氧化碳的排放及有机废物的利用具有很大潜力。2015 年，可再生能源为欧洲提供了 28% 的区域供暖，但在中国仅为 1%（未来还有很大的增长潜力）。

为了扩大以可再生能源为基础的区域供暖，中国需对目前的供暖价格体系进行改革。理论上，中国目前的区域能源价格结构能够反映发电、输电、运行和维护的实际成本。然而，在现实中，暖气收费是基于一个固定的单位面积收费结构，而未考虑实际的能源消耗。因此，消费者不会有节约用热的价格激励。政策改革应促进能够反映电力和热能生产实际成本的透明定价，即使在短期内，这种价格激励措施可能导致供暖需求的减少，从而在一定程度上解决中国目前冬季供暖从煤炭转向天然气所面临的挑战。

3.5 本章小结

扩大可再生能源整合规模是中国降碳战略的重要组成部分。虽然当前面临的挑战是如何减少可再生能源的弃用率，并进一步提高其普及率，但从长远来看，遏制气候变化需要中国电力系统，从以煤炭为主的电力系统向主要由可再生能源组成的电力系统进行根本性转变。能够帮助在当前水平上实现可再生能源并网边际增长的战略，将不同于以可再生能源为主的电力系统的战略。因此，人们不仅需要关注现有技术和制度可实现的措施，还需要关注为实现长期目标而必须实施的近期政策。

在本章，我们讨论了中国提高可再生能源系统渗透率的四个关键要素：灵活的传统发电系统、规模适当且集成度更高的输电网络、储能技术的发展，以及用电需求侧的灵活性或响应能力。中国可在力所能及的范围内，如利用商业上已有的技术，对现有电力系统开展一些改进，例如，中国正在进行的电力系统改革工作中正在讨论的许多措施有利于可再生能源并网，尤其是那些旨在提高现有火电机组的灵活发电、改善电网连接和并网以及创造正确的价格信号以实现需求侧响应的措施，这些措施可依赖于现有的技术，并且在很大程度上与中国当前的制度相兼容，尽管这些措施仍需在市场实践中进行一些调整。

为了在 2050 年前后给可再生能源的高渗透率开辟更广泛的应用范围，中国不仅需关注当下易于实施的技术和措施，还要对基础工程问题的研发工作予以重视，创造更多的未来技术组合，以便从中选择构建降碳电力系统。

中国在研究和部署特高压输电技术方面处于世界领先地位，这种技术可实现可再生电力的大规模长距离传输。除对新的储能技术进行投资外，开发新的可再生能源技术会大幅降低未来可再生能源技术的成本并提高其效率。此外，更复杂的需求侧措施，如智能电器，可为适应可再生能源电力供应的巨大变化打开大门。总之，除了加快现有可再生能源技术的应用，对中国来说，投资新技术也具有战略意义，这些新技术有可能成为深度降碳所需的未来技术组合的关键部分。

第 4 章　核电在中国降碳进程中的重要作用

马修 · 邦恩

4.1　概述

在未来的几十年中，中国不仅面临着扩大能源供应以推动其经济增长，同时还要应对减少并最终消除碳排放的巨大挑战。与此同时，中国还必须大幅减少对当地环境的影响，包括减少对人体有害的细颗粒物。

既不排放碳，也不排放其他空气污染物的核电，在中国降碳进程中将发挥怎样的作用？尽管随着从工业到交通运输等行业的电气化程度不断提高，电力在总能源消耗中所占的比例将逐渐扩大，但电力还是只占能源消耗总量的一部分。

在不排放碳的情况下，提供如此多的能源将十分困难。假如让核电或其他能源提供中国所需低碳能源的 1/10，那么其规模需增长至 300~400GW/ 年，这对核电或可再生能源来说，将是一次不小的扩张。

中国能源系统要实现碳中和，大概率要用到所有可用的低碳技术，而在没有核电贡献的情况下，很难实现该目标。但让核电对降碳做出重大贡献，其本身就是一项挑战。因此，当下就采取行动来解决多个限制核电增长的问题，使核电成为中国能源未来真正可扩张的选择是有意义的。

减少碳排放是中国想要摆脱对煤炭严重依赖的原因之一。减少空气污染（尤其是雾霾细颗粒物）在中国具有重要的政治意义。未来几年可能会成为中国能源决策的更重要驱动节点。据估计，空气中的有害细颗粒物每年导致中国超 100 万人过早死亡，并对中国 GDP 产生重大负面影响。中国能源规划者重视能源结构多样性的部分原因也是想要加强能源安全。

本章将探讨核电要在未来几十年从 GW 级增长至 TW 级甚至更大规模时所面临的主要限制因素、核电规模增长可能带来的潜在风险，以及中国可以采取哪些措施来应对这些限制因素和风险，从而扩大核电的发展。

限制核电增长至 TW 级的最重要因素是公众接受度及其经济性。其中，公众接受度对于核电设施的选址至关重要。当然，其他限制因素并非微不足道，但如果公众接受度这一因素得以解决，那么其他限制因素很可能会迎刃而解。

要解决关键限制因素，需满足以下 3 个条件：

避免灾难：任何类似福岛或切尔诺贝利规模的辐射泄漏都有可能使中国数百座核反应堆获得公众接受这一前景变得黯淡。因此，用于安全和安保方面的投资应被视为中国核电未来的关键。

建立公众信任：公众舆论对核电设施选址非常重要。政府及核电相关部门可通过与受影响的公众进行真诚对话，严格履行所做出的承诺，以逐步建立公众信任。这个过程对核电能被公众所接受至关重要。

降低成本，增加收入：随着中国向更加市场化的能源体系转变，与其他选择相比，核电的经济性将越来越突出。降低反应堆的资本成本、维持低成本融资和增加收入的措施，可对未来核电增长的规模产生重大影响。

以上 3 个条件都可能受到政策转变和技术变革的影响。未来的核反应堆设计可提供扩大被动安全保障覆盖范围的系统，从而避免事故发生。

为增加更多的核电项目，使核电作为主要供电来源之一，中国在短期内可采取以下几项措施：

· 加大安全和安保力度；

· 与民众真诚对话，获得民众对核电项目的信任与支持；

· 设立研究、开发和示范项目，研发出有助于解决关键制约因素的新技术；

· 避免短期技术研究锁定在昂贵、危险和不必要的技术上，如钚后处理和钚增殖反应堆等。

本章将重点探讨可能限制中国核电发展的每一个重要因素和风险，以及中国在特定情况下所面临的挑战。除避免灾难、建立公众信任和改善经济性外，核电发展将遇到的其他问题有：核废物管理、防扩散、政府和工业生产力、监管延迟，以及与中国不断发展的能源基础设施的融入。

中国核电的未来不仅关系到中国，也关系到世界。中国在核电方面的投资比任何其他国家都多。2013—2018 年，在全球投产的 42 座反应堆中，有 29 座位于中国。除非核电发电体量大到足以在中国降碳过程中发挥重要作用，否则核电本身在全球降碳过程中能发挥重要作用的机会微乎其微。

4.2 中国核电现状

截至 2017 年，中国核电站容量为 33.7 GWe。因此，到 21 世纪中叶，即使满足中国低碳能源 1/10 的需求，其增长规模也需提升一个数量级——这是一场真正的变革，需要通过建造数百个大型反应堆或数千个小型模块化反应堆来实现。

实现这种增长的可能路径有很多种。如果采取“稳步增长”的路径，中国需在未来几十年内，以每年 5~10 GWe 的稳定速度建造反应堆。如果采取“后期发力”的路径，中国可仅以适度的速度部署现有的大型轻水反应堆。当未来出现在成本、安全或其他方面具有优势的先进反应堆时，可大幅加快部署（见图 4–1）。

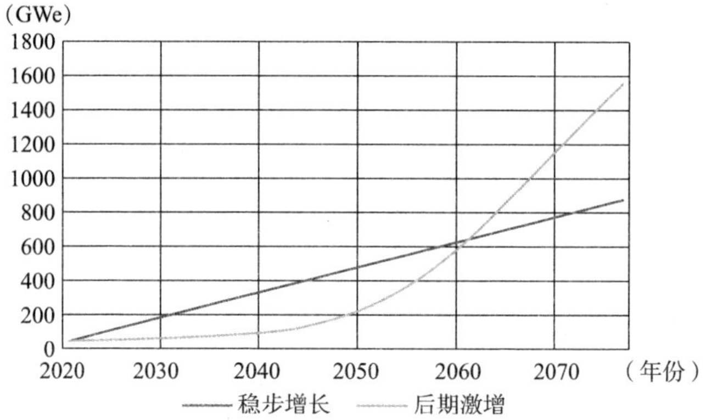

图 4-1 无论是缓慢稳定的增长路径，还是先缓后发力的增长路径，都可能在 21 世纪后半叶让中国实现数百吉瓦的核电装机容量

资料来源：© 2021 Matthew Bunn。

在任何一种情况下，核电在 21 世纪下半叶大概率会比在上半叶发挥更重要的作用。虽然在短期内，可再生能源的装机增速可能会超过核电，但仅靠间歇性可再生能源来实现深度降碳，其成本可能会非常高。因此，拥有一些备用的非间歇性低碳能源，将会降低整体的系统成本。然而，为了给核电在未来实现深度降碳的目标留有空间，中国需要在近期内采取各种措施，从避免灾难，到投资下一代技术，考虑如何在整体降碳节能方面，更高程度地与核能发电优势相结合。

2012 年，自福岛核电站事故后，中国从发展“积极”的核电转向发展“安全高效”的核电，2020 年，中国的核电目标也从 70 GWe 降至 58 GWe。虽然该目标在 2020 年最终未能得以实现，但最终实现该目标的计划一直未变。

中国近期的发展计划中尚未明确核电增长的官方长期目标。2015 年，中国核电协会预测，中国核电容量将在 2030 年增长到 160 GW，在 2050 年增长到 240 GW。

一些专家认为，中国的核电容量在达到 100~150 GW 后，可能会趋于平稳，如果确实发生这种情况，那么核电在减少中国碳排放方面将只能发挥次要作用。基于国际能源署的“可持续发展”情景预测，未来几十年，核电在国家能源系统降碳方面的作用很小。

目前，中国的核电建设计划几乎完全集中在大型轻水反应堆上。一座双体示范球床核电站、一个小型浮式反应堆和一个示范快中子反应堆正在建设中。此外，中国还在对一些先进的反应堆概念进行投资研发。

4.3 核能安全

避免重大灾难的发生——让公众、相关政府部门和相关投资者相信核电站是安全可靠的——或许是维持中国长期大规模发展核能的基本要素。自福岛核事故后，中国暂停了核建设，提出了新的核能安全要求，并暂缓核增长计划，暂时停止内陆核反应堆计划。核电的安全和安保面临各自不同的问题，本节将依次进行讨论。

4.3.1 安全

中国政府长期以来一直强调其对核电“安全第一”的政策承诺，并在福岛事故后采取了实质性行动来改善核安全。核电安全性令人担忧的原因是显而易见的，包括中国经济其他领域中频繁发生的重大工业事故；中国核电建设速度快、成本低的背后是否存在偷工减料的问题；与欧美等国家和地区相比，中国的核电监管机构规模较小、经验不足（预算也较低）。核电增长的速度较快，不得不在项目不太敏感的环节引入没有核建设经验的公司，这给人才市场提供足够训练有素且经验丰富的相关人员带来压力；传统人员服从权威的整体文化，可能对在核设施中保持适当的“质疑态度”构成挑战。

降低放射性重大事故释放的风险需要采取5种主要行动：①部署具有高内置安全水平的系统，包括在通往核事故的每一条可能路径上都部署大量的“纵深防御”；②保持有效的监管和监督；③在建设、运行、支持和管理核设施的组织内保持强大的“安全文化”；④确保所有安全相关职位的人员都接受过适当的培训并有一定经验；⑤预先规划应急响应。中国在这些领域的做法都在不断发展。

为应对中国核反应堆数量的增长和福岛核事故后的安全问题，中国生态环境部下属的国家核安全局（NNSA）近年来发展迅猛。新《中华人民共和国核安全法》于2018年初生效。

自福岛核事故发生后，中国对其当时正在运行或建设中的所有反应堆都进行了安全审查，在新的安全方案出台前，暂停了所有新建项目的批准，并最终实施了更为严格的安全要求。据了解，国务院2012年通过的核安全计划，要求在未来5年内投入800亿元人民币，来对中国现有的核电站进行安全升级。

中国一直积极参与国际核安全活动，定期完成国际原子能机构（IAEA）和世界核电运营者协会（WANO）的审查；中国的反应堆通常每年进行一次独立的安全审查。

尽管如此，前文提到的各项因素还是引发了人们对中国核安全的担忧。中国在 2010 年到 2016 年运行的核反应堆数量增加了两倍，这引发了人们的担忧：建设者和运营商是否青黄不接？监管机构的能力是否跟得上？ NNSA 曾在重要安全设备上发现焊接缺陷，并将其归咎于监管不力、质量保证体系不完善等因素。NNSA 还指出了设备测试不足、检查结果分析不充分、过程控制不足等现象。所有这些都表明，安全问题可能是扩张核电方面的一个重大难题。

尽管中国已采取措施加强和扩大国家核安全局，并通过了新的《中华人民共和国核安全法》，但与美欧等国家和地区相比，NNSA 的经验和资金相对较少。例如，美国核管理委员会（NRC）每年的预算近 10 亿美元，负责监督 99 座运行中的反应堆，以及另外两座在建反应堆和各种其他材料和设施。2014 年，中国国家核安全局的预算为 3.5 亿元人民币，用于监督当时 20 座运行中的反应堆和 24 座在建反应堆以及其他设施。

以上这些因素引起了一系列官方和非官方的担忧。2010 年，国际原子能机构（IAEA）通过综合监管评审服务（IRRS）完成了对中国核安全监管框架的评估。该评估提出了 39 条行动建议和 40 条提议，这其中不乏对类似国家核安全局的充分独立性和人员配备这些根本性问题的建议。而后，IAEA 在 2016 年进行了跟进评估，此次评估结果显示，IAEA 在 2010 年提出的大多数建议已经得到了中国的采纳和落实。IAEA 又重新提出了少数新建议——其中一个提议是，中国应该在 2020

年之前，完成下一次全方位的 IRRS 评估。

2011 年，在福岛核事故发生后，国务院研究室（SCRO）发布报告，呼吁对核电采取更加谨慎的态度，并指出如果行动过快，可能威胁到核电的长期健康发展。国务院研究室建议将国家核安全局变成一个直接向国务院汇报的独立机构（而不是作为环境保护部下属机构），并在 2020 年之前，使其工作人员翻两番，同时加强人员培训和安全文化建设，改进核反应堆部件制造过程的质量控制。“第三代”核反应堆比中国迄今为止一直在运行的“第二代”反应堆更为安全。

福岛核事故后，中国围绕核安全开展了诸多方面的审查，并发现了一系列需要解决的问题，确定了短期、中期和长期要改进的方面。2012 年 9 月，中国国务院在完成了各方面的审查之后，还开展了一段时间的公众意见征询，批准了一项全面的核安全计划。2015 年中，中国政府宣布所有短中期目标都已完成，长期规划的完成正在进行中。

4.3.1.1 加强安全的政策

强有力的政策和新技术都有助于加强中国核安全，并为中国大规模核电长期增长策略创造可能性。以下 5 条建议可帮助确保核安全。

（1）避免仓促施工

福岛核事故后，中国政府放慢核电建设计划是明智的。较慢的步伐将为建筑商和运营商赢得更多时间接受相关培训，同时给监管机构用来检查和复查，建设和运营中的每个步骤是否符合要求，并减少那些为了赶进度而偷工减料的风险，给建立公众信心更多机会。

（2）加强核监管

近年来，NNSA 已积累了相对丰富的经验，同时更新了一系列法规，但如果要确保其拥有监督中国核安全所需的资源、专业知识、权威、文化和独立性，中国国家核安全局还有更多的工作要做。中国将需要继续增加 NNSA 的预算和人员配备，并扩大与其他国家监管机构的交流合作。NNSA 和美国核管理委员会（NRC）在管理 AP1000 反应堆的建设和运行方面的合作还应进一步加强，以涵盖更广泛的安全（和安保）议题。此外，允许更高的透明度和真正独立公开讨论也十分重要。中国将《核安全计划》公开征求公众意见是朝着正确方向迈出的有益一步。

（3）建立有效行业核安全组织

在美国，1979 年的三哩岛事故促使核工业建立了核电运行研究所（INPO），该研究所提供深入的同行评审和安全绩效评级。INPO 对持续提高美国核设施的安全功不可没。虽然 INPO 是世界核电运营者协会（WANO）的美国分支机构，但许多人认为，INPO 提供的监督比 WANO 的标准监督更为严格。中国应该建立一个类似的机构，利用行业的共同利益来避免影响行业所有组织的灾难。

（4）加强安保文化的培训、激励和措施

自 1986 年切尔诺贝利事故以来，安保水平对于减少核事故的危险至关重要——核电组织中的每个人都必须优先考虑安全并一直寻求改善安全的方法。建立有效的安全文化是一项艰巨的任务，需要每个大型核组织的高层有重点地进行领导。亚洲文化通常尊重权威，不愿质疑来自高层的指示，这使得高层很少听到质疑的声音。中国已经采取了一系列措施来审查和改善安全文化，但还有很多工作要做。

（5）打击核电行业腐败行为

中国需要加大反腐力度，提高从大型采购合同到监督现场建设和运营等各个方面的透明度，以确保核电行业不会像许多中国其他行业那样，出现官员由于收受了贿赂和回扣，在发现偷工减料时选择视而不见或掩盖问题，从而造成灾难性的后果。例如在俄罗斯，尽管政府与反腐败的非政府组织之间的关系通常很紧张，但俄罗斯国家原子能公司（Rosatom）仍邀请透明国际（Transparency International）的俄罗斯分公司参与设计项目，以解决核采购中的腐败问题。

4.3.1.2 应对事故风险的技术与商业模式

大多数被提议的先进核反应堆都具有比现有核反应堆更高水平的被动安全设计，既不需要操作员按下正确的按钮，也不需要阀门在正确的时间运行，就能保证安全。有些反应堆甚至能够在完全停止冷却的情况下，坚持数天或数周不释放放射性物质。以氟化物高温反应堆（FHR）为例，该反应堆涉及的燃料包裹在漂浮于熔盐中的嵌入石墨球的微小颗粒中，美国一位核安全专家曾评论道："我不知道如何让这个反应堆释放放射性物质。"当然，我们应当认清，关于这些先进反应堆概念的理论优势的最初设想，通常不会随着概念从纸面走入现实而完全实现。但与目前的设计相比，这一系列新的解决方案，似乎确实提供了更高安全的可能性，且目前的设计，已经比以前的版本更安全。

此外，一些先进的核电系统将安装在地下或近海。在这两种情况下，大规模放射性物质释放到人口稠密地区的可能性会小得多。最后，在某些特定情况下，安全概念能更简单，更容易地被非专业人士理解和相信。例如地下核电站或完全失去冷却功能也能保全的反应堆这类想法。这些概念与大型轻水反应堆的复杂安全技术相比，更有可能在现实世界中得到验证，也更容易被普通民众所接纳理解。

4.3.2 安保

中国政府重视核安保，并将其确定为中美合作的重要领域。中国政府要求每个核运营商都要建立针对一系列潜在威胁的防御措施，并在总体目标范围内对核运营商提出各种具体要求。反应堆拥有装备精良的现场警卫部队、带有入侵检测系统的双栅栏、严格的访问控制系统和各种障碍物等保护。监管机构会定期审查每个运营商的安保安排。中国政府正在考虑更新其核安保条例，其中包括要求运营商根据统一标准的国家级设计基础威胁来实施防御，而不是依靠每个运营商来设想它应该防御的威胁。

尽管如此，我们还是有理由对此感到担忧。由于中国从未公布过在核设施相关场所发生的重大袭击未遂或盗窃核材料未遂事件，中国核工业的大多数从业人员并不认为恐怖主义或破坏活动对他们来说是非常严重的威胁。因此，他们对安保的重视程度远低于对安全的重视程度。因此，政府部门投入安保监管工作的精力远小于安全监管工作。中国并没有定期对其核安保系统能否真正抵御高智商对手进行实测，而且中国对其核安保系统进行深入脆弱性评估的经验相对有限。中国已开始努力加强其设施的核安保文化建设，但几乎没有关于这些努力是否成功的信息。

4.3.2.1 加强核安保相关政策的建议

中国可采取几项政策措施来限制规模急剧扩大的核电站带来的额外核安保风险。首先是批准更新核安保法规。强化安保规则，包括建立定期的“武力对抗”演习，以测试安保系统的能力，加强安全文化和意识，以及针对内部威胁的全面、多层次防御意识。

大多数核反应堆不使用可用于炸弹的高浓缩铀或分离钚——它们是潜在的破坏目标，但不是潜在的可用于武器的核材料。随着中国核电队伍的不断壮大，将可用于武器的核材料的存放地点和运输数量降到最低，并减少对这些材料进行批量加工，是管理这些风险的基本要素。然而，如果对钚进行再加工和再回收，将涉及大量加工和运输费，这些费用足以制造数百或数千枚核武器。

4.3.2.2 加强安保的技术与商业模式

先进的核电系统有助于实现有效的安保。在一个具有更高被动安全性的系统下，重大放射性物质泄露灾难将很难因为意外事件而发生，同时，攻击者或破坏者也很难成功制造这种灾难。如前文所述，位于地下或近海的核反应堆被意外事件触发放射性物质泄漏并影响人口密集地区的概率很低。地下反应堆几乎没有可被攻击的薄弱点，这使它们更容易防御。相比之下，海上反应堆的防御会更加困难，尽管这将取决于具体的解决方案。无需再加工即可扩展铀资源的反应堆，将消除是否继续进行钚回收的争论。

与民用核电分离的新技术也可能对未来的核恐怖主义风险产生正面或负面的影响。随着网络技术的进步，核设施的网络防御会更加有效，但同时会给危险的网络攻击提供更多的可乘之机。同样，无人机可以为核设施的防御者提供新的选择——包括更好地监控围栏线以外的区域，在攻击者到达之前就看到他们——但无人机同时也给攻击者提供了选择。现在的社交媒体能让敌人识别核设施工作人员，并获取他们的相关信息，并利用这些信息招募他们或为其设置陷阱。

4.4 建立公众信任

公众和政府对核电站选址的接受程度，也许是核电能否快速发展的最大挑战。要想让核电在中国的降碳战略中发挥重要作用，就必须建设更多的核电站。虽然中国可以通过在已有公共支持的现有地点增加反应堆来扩大核电使用，但该战略存在一定的局限性，要想增长到 0.3~2 TW 的规模，可能需要数十到数百个新核电站点。

中国政府对公众舆论和抗议比较敏感。自福岛核事故后，公众对核电的担忧急剧升级。2016 年 8 月，在遭到公众的反对后，一个大型废核燃料后处理设施的可能选址之一因此而被取消。同样，一个耗资 400 亿元人民币（按当时汇率计算约为 65 亿美元），旨在满足 2020 年中国对核燃料的一半需求的铀加工设施，于 2013 年在遭到众多民众反对后，也被取消了，尽管后期它可能会被安置到其他地方。

在某些情况下，地方政府官员会因未能控制公众对项目的反对声音而被免职。这令地方政府并不是很愿意积极配合在当地建设核电站。2017 年初，中国最大的核电公司致函国务院，敦促其采取更多措施建立公众对核电的支持，并限制“不要在我家后院（NIMBY）”的反对范围。

中国政府已尝试一系列方法来建立地方对核项目的支持，包括通过开展宣传活动增加公众对核问题的了解，以及开展征求和回应民众关注问题的公众活动。2014 年，中国政府还出版了一本手册用以指导这些工作。

民众对可能发生核事故的担忧在福岛核事故后愈演愈烈，这是核电站选址问题的最大驱动因素。民意调查显示，中国大部分地区的公民愿意支付大笔费用，以避免核电站建在他们附近。但调查显示，哪怕只接受了 10 分钟核电介绍的公民，对核电的抵制程度都不会那么强烈。另一项专门针对居住在拟建新电厂附近的公民的研究得出的结论是，影响当地公众接受度的最关键因素是核电对中国重要性的情感认同度，及对规划该项目的政府官员和科学家的信任度。然而，民众对该技术的认知水平，对接受度几乎没有影响。特别是，政府不愿批准某些地区的核电建设，是因为这些地区位于对中国数亿人口至关重要的河流沿线，因此政府很大程度上是出于对这些河流可能发生污染事故的担忧和对缺水地区反应堆用水的担忧才不批准这类项目。

在未来的几十年里，气候变化将使减少碳排放的必要性更加凸显，对于用核电作为中国未来重要发电技术的“情感认同”也同样可能会增加。但考虑到民众对于核电现阶段接受度在降低，中国不应任其发展，应该持续寻找方法来建立公众对核电的支持，并让民众将其作为一种在不对当地空气产生污染或碳排放的情况下，提供能源的工具，同时解除民众对安全和其他问题的担忧，这对于中国大规模核电发展的潜力至关重要。

4.4.1 解决选址和公众接受度限制的政策建议

显然，要树立公众对中国核电的信心，并因此获得增设核电站的批准，最关键的一项要求是避免核设施发生任何重大灾难——无论是意外事故还是恐怖主义行动。正如前文已讨论过的，这项要求的实现需大力加强核安全和核安保，以此加强民众对核电站安全的信心。

然而，中国要达到广泛部署核电所需的公众信任水平，仅避免核灾难是不够的，还需要一定的透明度和公众参与度，而这在中国的核工业以及更宽泛的能源和建筑市场都是较为罕见的。国际经验和研究表明，公众对规划核设施组织的信任至关重要，而政府和工业界提供的被视为宣传的信息是不够的。相反，建立信任需要相关部门愿意与当地公众接触，倾听并解除他们的担忧，通过收集和分析更多信息，采取循序渐进的方法，让民众能够建立对核电的信任和支持，并确保核组织始终如一地履行他们做出的所有承诺。

建立和维持公众信任可能需要对真正独立的声音给予更大的容忍和

支持，而迄今为止，中国的普遍情况并非如此。居民希望能够听到独立专家（非政府雇员）的声音，他们拥有专业知识、资源和获取信息的渠道，对拟提议的行动方案会进行客观公正的分析和评论。将这些独立专家纳入公开、透明的流程可能会花费更多时间，但此举有助于建立公众信任。

有助于中国公众接受核电的具体政策行动方案包括：

· 提升公众对拟建核电站的参与度。

· 增加正在考虑和托管核设施的当地社区的利益。例如，在日本，拥有核反应堆或燃料循环设施的社区，除获得就业和税收收入外，还会获得大量补贴。

· 开展持续的社区参与活动。例如，在美国，许多反应堆公司会定期赞助举行“市政厅”会议，邀请住在核电站内或附近的核电站官员和员工参加会议，并回答他们的问题。部分核电站还会组织更多的非正式活动，例如野餐。当地居民与核电站的工作人员可在活动中进行交流。还有部分核电站会组织设立公民咨询委员会，这些委员会定期开会，以集中且持续的方式讨论与核电站有关的问题。

· 提升当地民众参与和监督核设施的能力。大多数公民对核技术知之甚少，无法得出有根据的结论。因此，向当地代表提供培训支持，有益于他们以更专业的方式参与和监测核设施，同时令公民获得可信任的信息来源，而这些来源与推广核电的行业和政府没有直接关系。

4.4.2 解决选址和公众接受度限制的技术与商业模式

一般而言，在加强公众对核电的接受度方面，上文所述的政策举措可能比技术更为重要，但先进的技术也可在以下几个方面发挥作用。

提高可证明的安全性：一些先进的概念可能通过一些安全举措来提

高核设施的被动安全性水平，同时降低因意外事故或破坏行为而导致的重大放射性物质泄漏的风险。此外，在某些情况下，这个概念可能简单到足以建立公众信心，让公众相信不可能出现严重的问题。冷却系统完全失灵、无法做出任何反应也能幸存下来的系统，以及位于地下的反应堆，可能有助于让公众相信发生重大放射性物质泄漏的风险很小。小型系统核堆芯放射性物质较少且具有较高安全性，可能只需要在其周围设置一小块区域，方便潜在需要的疏散，就可以将它们安置在主要人口密集区附近。

建立海上核电站：海上核电站的想法使在沿海大城市附近建核电站成为可能。这些城市陆上区域通常已被大量使用。由于位于离岸足够远的地方，反应堆基本上不会被看见，且反应堆具有很强的安全性，这能大大减少公众对选址的争议。

减少水资源的使用：中国对拟建内陆核设施最大的担忧之一是内陆核设施会对稀缺水资源（包括主要河流）存在潜在威胁。如果有管道水源，现有技术已经可以将核电站定位在远离大片水域的地方。但一些先进的反应堆，尤其是那些使用水以外的冷却剂的反应堆，为减少用水提供了更大的可能性，因此这些核设施不需要选址在靠近海洋、湖泊或河流的地方。

总体而言，如果中国能设法避免核电重大事故，重塑公众信心，并投资于那些有助于解决选址困难的新技术的研发，那么中国就很有可能为大量核电站成功选址，使核电在中国去碳化进程中发挥重要作用。

4.5 改善经济效益

显然，如果核能比其他能源更廉价的话，其增长会更为迅速。然而，在中国，核能的经济性并未成为制约其进一步部署的因素。原因有四：①在中国建造核电站的费用更低廉；②中国的核电站融资成本更低；③来自其他能源的竞争不是十分激烈（中国目前预计不会拥有大量的低成本天然气）；④中国政府对核电进行上网电价补贴，为核电站提供稳定收入，并将核电行业纳入战略性产业范畴，为其提供其他形式的支持。具体形式如下：

（1）中国建造核电站成本更低

与近年来欧美的经验相比，中国似乎可以更快的速度和更低的成本建造核反应堆。由于缺乏部分权威数据以及货币换算时价格的不确定性，这一判断存在不准确性。例如，经济合作与发展组织（OECD）对2015年各国政府对2020年投入使用的通用轻水反应堆的隔夜资本成本（OCC）作出了预估，中国的数据为2615美元/千瓦，已装机的成本为1807美元/千瓦。但在美国，这项研究得出的结论是，在同样的反应堆和相同的投入使用时间的条件下，其成本为4100美元/千瓦；欧洲国家的预估成本则更高。同样，2008—2015年，在多个来源的审查中，中国的隔夜资本成本要比欧美国家低1500~2000美元/千瓦不等。该审查还得出结论：在台山建造的先进欧洲加压反应堆（EPR）的总投资成本（包括建设期间的利息）不到在芬兰奥尔基洛托或法国弗拉曼维尔建造的欧洲加压反应堆的一半。造成差异的原因是中国经历的延误和成本增长远低于欧洲。

总体而言，2017年，行业贸易组织，即中国核电协会估计，“十三五”期间新建的30 GW的新核电站，每年将耗资1000亿元人民币，超过16600元/千瓦。如果按货币汇率换算，则为2520美元/千瓦，如果按购买力平价汇率换算，则为4750美元/千瓦。

相比之下，2017年，美国仍在建设中的两座AP1000反应堆的隔夜资本成本估计已超过190亿美元，总计超过8500美元/千瓦。美国最近的数据显示，在建造了几座反应堆并剔除了首建的成本后，此类反应堆的成本可能低于 6000 美元 / 千瓦。

以上是各国隔夜成本价格的对比，不包括施工期间的利息成本。事实上，利息成本在中国也相对较低，原因有以下两点：①中国国有核电公司能够以低成本获得资本；②中国通常比欧美更快地建造反应堆，例如，在 2018 年中，尽管经过多年的拖延，中国还是将首批 AP1000 和 EPR 设计的机组上线，尽管美国和欧洲的同行早在几年前就开始施工，中国的建设效率依然领先于欧美。

（2）核电站融资成本费用低

中国的核电站融资成本也相对较低，这是因为中国国有核电企业能够以较低的资金成本为核电站融资。对于资金成本占建造电厂的总成本的 2/3 到 4/5 的能源项目来说，业主投资于建设的成本可以决定项目的经济性。

（3）来自天然气的竞争

核电在中国的竞争并不激烈，因为中国的天然气价格并不像美国那样低廉。到目前为止，中国的天然气产量并不高，导致中国严重依赖进口液化天然气（LNG），而进口液化天然气的价格较为昂贵。

在中国，天然气提供的电力大约是核电的一半，而在国际能源署的"新政策情景"中，到 2040 年，中国天然气提供的电力仍将仅为核电的 75%。

（4）上网电价的可用性

正如前文所讨论的，中国计划未来在其电力部门引入更大的市场竞争，但目前，核电和可再生能源通常享受固定的上网电价，使其能够获得可靠的利润。

简而言之，直到最近，中国核投资的金融环境都非常好，主要体现在国家各方面的支持力度大，需求增长快，二代反应堆成本低，融资成本低，以及高而固定的上网电价带来的稳定收入等方面。

然而，在过去的几年中，大环境不太稳定，其主要原因是产能过剩，国有企业面临更多市场力量的影响，产能弃用率高，未来负荷变化导致的收入减少，以及上网电价被削减。2017 年，中国政府降低了部分核电站的电价，并表示未来的核电电价将与煤电价格挂钩。2019 年，中国政府将新建成的 AP1000 和 EPR 电厂的上网电价设定在 0.42～0.44 元 / 千瓦时的范围，远低于行业的预期，与第二代电厂的电价相当。有了这些上网电价的设定，建造核电站的公司可能很难从中获利，这可能会降低潜在投资者对核电项目的热情。

中国主要的核电公司目前也在大力投资可再生能源，目前看来，可再生能源有更大的获利机会。从长期来看，随着向深度降碳目标的迈进，中国政府可能会大力支持低碳能源。然而，如果中国在电力领域引入更多的市场竞争，这些不同类型的发电厂之间可能会有相当大的竞争，这会给投资者带来更多的不确定性。最终，在实现深度脱碳目标和政府保持低电价之间可能会出现一定的矛盾冲突。

4.5.1 经济限制政策建议

政策选择、新技术和不同的商业模式都可能对核电经济性造成正面或负面的影响。在政策方面，首先，要持续提供低成本融资。其次，要继续保持适度的核建设步伐，使核电建设行业供应链保持竞争力。再次，要维持强劲和稳定的核电价格。即便中国转向更具竞争性的电力市场，强劲稳定的价格也会使核电成为私人投资领域更具吸引力和更低风险的目标。最后，要维持合作监管机构与行业的关系。一方面，中国监管机构需要保持独立性。另一方面，采用灵活的方法最大限度地减少监管不确定性和延误，有助于降低核电成本，并促进核电整体增长。

4.5.2 经济限制的技术与商业模式

模块化设计和建造、简化系统，以及增强核电站的被动安全性，这几种方法可以降低建造成本和时间，以及运营核电厂所需的人力资源。更小的核电站占地面积和更高的被动安全性也可以降低安全成本。

然而，这些方法的可实施性仍有待观察。例如，第三代核电站最初被认为比第二代核电站造价更低，但事实证明，它的造价较高。2010年初，行业专家接受过一份问卷调查，调查结果显示，来自欧美地区的专家预计，小型模块化反应堆和第四代反应堆的成本在2030年将略高于第三代反应堆的成本。更先进的反应堆的所有设想优势都应被视为可能会实现，而不能认定一定能够实现。

修改后的商业模式也可能会改善核电的经济性。例如，如果反应堆可以在电力市场价格高的时候提供电力，而在电力市场价格低的时候，将能量用于其他用途（例如工业生产供热），反应堆便可赚更多的钱（相比之下，现有核电厂实行的负荷跟踪仅意味着在某些时段降低产量，这其实意味着售电量和收入的减少）。

一些先进的反应堆被设计成当电价较低时，利用该设备的能源生产氢或储存热，当电价较高且需要峰值电力时，使用氢、天然气或储存热来增加电厂的电力输出。在未来世界，随着电网中大量的间歇性可再生能源的加入，那些能够不止步于基本负荷发电功能的反应堆可能会变得更加重要。

还有其他的一些新概念设想也会对商业模式造成一定的影响，降低核电站建设的成本，缩短部署时间。例如，美国麻省理工学院的工程师提出了在类似于石油钻井台的海上平台上，建造小型或大型反应堆。这类反应堆可在工厂中大量建造（受益于制造规模经济），并被托运到使用地点，这大大缩短了建造时间。同时，建造这类反应堆无需购买土地，因而大幅减少了对核级混凝土的使用，降低了成本。

4.6 其他建议

4.6.1 核废料管理

无论是出于保护环境还是维护公众信心的目的，有效的核废料管理对于任何核电计划都至关重要。如果能对核废料进行适当管理，其所需成本仅占核电总成本的一小部分。由于核电能够从少量的燃料中产生大量的能源，因此，与其他能源相比，核电对人类健康和环境的影响相对较小。例如，一个 1GW 容量的燃煤电站每天需要一辆有 80 节车厢的燃料列车供煤，而一个 1GW 容量的核电站每年只需半列火车车厢的核燃料。

在核废料管理方面，中国有可能在美国和其他国家迄今未能成功的领域取得成功，这是因为中国有以下几点优势：

（1）中国拥有大型、人烟稀少的核废料储存库。

（2）中国拥有一个统一的，且能长期作出并维持决策的权威政府。

（3）中国拥有充足的时间进行正确的废料管理，因为核废燃料的干桶储存提供了未来几十年廉价且安全的选择。干桶可以为最终废燃料处置的技术、政治和经济发展提供时间。

随着核电的发展，中国在政治上和技术上都有可能提供大规模的废燃料储存库，并最终建立一个或多个深层地质储存库，能够容纳不断发展的核电项目所产生的所有废燃料和其他高放射性废料。

4.6.2 防止核武器扩散

由于中国是一个核武器国家，许多人认为中国核电技术的选择对核武器的扩散影响不大。然而，即便在核武器国家部署的系统，至少有3个重要的扩散风险因素：①如果燃料循环中存在可用于武器的核材料，则存在核盗窃的风险；②技术泄露风险；③"范例效应"增加了无核武器国家追求铀浓缩和再处理等技术的可能性，如果他们选择这样做，这些技术可提高其制造核武器的能力。

虽然中国决定建造的核反应堆数量不大可能对核武器的扩散产生较大影响，但它对具体的技术选择可能会产生影响。因此，随着中国推进核计划，限制扩散风险应是一个重要的考虑因素。核燃料浓缩和后处理技术使生产核弹材料成为可能，这两项技术也是民用和军用核技术的关键共同点，有关这两项技术的决定将对核扩散风险产生巨大影响。

中国很可能成为世界核电的领导者，如果中国选择依靠以再加工和再循环钚为基础的燃料循环，将更难说服无核武器国家不做相同的选择。

除这些核电选择外，中国还必须加强战略贸易管制的执行，以限制核扩散者获得他们所寻求的核技术和军民两用技术的能力。

4.6.3 政府监管与产业运营能力

中国在大幅增加核电企业的同时，还需大幅提升政府监管能力、核电站监督能力，以及设计、建造、运营核电站的管理能力。为此，中国需要培养更多的训练有素、经验丰富的人员。

为避免因这些能力问题限制中国的核电发展，中国需要制定相关的培训计划。但随着时间的推移，如果核电成为中国降碳战略的重要组成部分，市场将作出调整，对核专家的需求以及由此产生的薪水提升，会吸引更多人进入该领域。

如果行业的体制结构也能作出适当的调整，则可逐步解决行业的能力限制。从长远来看，具有更高的被动安全性、模块化和自动化建设能力的先进反应堆系统，可能会使每千兆瓦装机容量所需要的人员数量大幅减少。

4.6.4 监管延迟

监管延迟和不确定性——从建造新反应堆的批准，到新设计或修改后的运行方案的批准，减缓了一些国家的核电增长，且未来很可能会持续如此。这会影响投资者对反应堆产生收益的信心。

自福岛核事故后，核电站建设审批的暂停时间被延长。然而，总体而言，中国监管机构与行业的合作关系较为密切。如果中国政府决定将核电作为其降碳战略的重要组成部分，则有可能确保监管延迟不会过度限制必要的核电增长。然而，在保持可实现最高的安全和安保标准的同时，避免监管延误将是一项重大的挑战。

4.6.5 将核电融入中国不断发展的能源基础设施

随着中国走向深度降碳，间歇性可再生能源很可能在电力供应中发挥基础性作用。非间歇性低碳备用能源对于以合理的成本实现80%～100%的降碳非常重要。然而，在理想情况下，这种备用能源不会像核电站那样提供稳定的电力，而是更像天然气发电厂，如果需要，它可以提供稳定的电力，而且能够迅速改变输出以跟随要求，并在需要时提供峰值功率。核电站如果能够超越提供基本负荷电力的范畴，则可以产生更多经济收入并在整个能源系统中发挥更大的作用。

如前文所述，一些现有的核设计已经可以实施大量的负载跟踪功能，一些先进的设计能够在电价高的时候扩大功率峰值的输出，当电网对反应堆的能量需求不大时，还可以将反应堆的热量用于其他用途（从储存到生产液体燃料）。即使在高度电气化的未来，除基本负荷电力外，还会有许多不同的能源需求。

4.7 铀供应不会成为制约核电发展的主要因素

快中子增殖反应堆的支持者认为，“封闭”燃料循环是必要的，因为中国的铀资源稀缺，且很快就会耗尽。但这一担忧已被证明有些夸大了。中国有足够的铀，为未来几十年，甚至更长时间大规模扩张的核企业提供燃料。

截至 2016 年，中国已在国内发现超过 36.6 万吨铀。研究表明，中国可获得总量 200 万吨左右的铀，尽管其中大部分可能要以相当高的成本获得。即使没有发现更多的铀，这些量也足以在几十年内为多达半太瓦的核电提供燃料。

然而，中国发现铀的速度比使用它的速度要快得多。部分原因是大部分铀的开采成本很高（尽管成本可能比后处理和增殖反应堆要低得多），因此中国也一直在国外采购铀——无论是在公开市场上，还是通过购买外国矿山。

在全球范围内，铀资源丰富。截至 2016 年，国际原子能机构估计总的可用铀资源约为 1500 万吨，按照当前的消耗速度，足以满足全球超过 250 年的需求。随着时间的推移，这一数字会一直上升，而不是下降，因为全世界发现铀的速度普遍快于它的使用速度。

有人预测，随着最低成本的铀资源开采殆尽，铀的价格将不可避免地上涨。然而，这种预测忽略了技术的革新。平均而言，在 20 世纪已开采的矿物的实际价格未升反降。这种趋势仍在继续，几乎没有迹象表明铀会有所不同。事实上，2009 年，麻省理工学院有关核燃料循环的未来研究所得出的关键结论之一，便是世界上铀资源的丰富为燃料循环选择提供了灵活性。

简而言之，缺乏铀不太可能成为中国核电大规模增长的主要制约因素，中国仍可以继续通过政策和技术革新来确保充足的铀供应。

4.8　中国对先进核电系统的投资

中国正在对未来先进核电系统的研究、开发和示范项目进行投资。我们有充分的理由对核电技术的创新发展持乐观态度。许多团体正在开发新材料、新技术、新施工方法。

然而，我们也有对核电发展不乐观的理由。半个多世纪以来，除轻水堆外，没有任何反应堆概念被成功商业化。

反应堆提供的热量或电力是商品，与其他技术提供的热量或电力相同，它们无法像新型智能手机那样，基于其独特功能从市场竞争中脱颖而出，市场一般只会看综合性价比以及实际购买价格。购买反应堆的公用事业公司，一般以略低于电力价格的成本运营核电站几十年，且他们非常保守，只希望购买可靠的、经过考验的系统。反应堆从一个概念模型到真正落成，过程中会出现意想不到的挑战，从而造成反应堆成本的提升。因此，对于先进反应堆成本低廉的说法，我们应持怀疑态度，这种说法也并未得到证实。

在考虑先进反应堆的潜在优势时，我们应记住几十年前美国海军核部队创始人海曼 · 里科弗提出的警告，即“学术反应堆”看上去总是具有实际正在被建造的“实用反应堆”所不具备的大量优势。遗憾的是，今天的情况依然如此，很多人对于理论上更为高效的核反应堆设计方案，依然有不切实际的预期。

4.8.1 钠冷快中子反应堆

中国已开始建造 600 MWe 钠冷快中子反应堆（简称“快堆”，是一种快中子增殖反应堆），并设想在未来，建造基于这种设计的商业反应堆。该反应堆系统将依赖于对其生产的钚进行再处理和回收，从而产生大量的钚流。传统上，快中子反应堆比轻水反应堆的资金成本更高，且目前看来，快中子反应堆不太可能在商业上取得成功。

4.8.2 球床高温气冷堆

中国在山东省荣成市石岛湾已完成两座示范球床高温气冷堆（HTGR）核电站的建设。HTGR 系统将燃料放在被碳和硅包裹的微小颗粒中，而这些颗粒则嵌入网球大小的石墨球中。这个设计提供了高水平的被动安全性、更高的电力生产效率和可用于工业应用的高温热量。然而，事实证明，球床高温气冷堆比预期的要贵，是否需建造额外的装置仍然存在疑问。

4.8.3 熔盐反应堆

长期以来，中国正资助熔盐反应堆概念的研发。这一概念的液体燃料版本将燃料溶解在熔盐中。熔盐反应堆面临许多技术挑战，但可能会提供非常高水平的被动安全性、高温操作效率和工业过程热量，并在液体燃料概念中能更有效地利用铀资源。但熔盐反应堆在经济上是否可行还有待观察。

4.8.4 铅冷快速反应堆

中国还在研发用熔融铅而不是熔融钠冷却的快中子增殖反应堆，尽管这些反应堆不像人们更熟悉的钠冷却系统那样具有研发优先级。但它却具有许多优势。与钠不同，铅暴露在潮湿空气中不会着火。铅冷快速反应堆对中国来说可能会成为一种长期选择。

4.8.5 加速器驱动系统

中国正在继续对加速器驱动系统进行基础研究。在该系统中，一个反应堆不太能够维持链式反应，它是由一个配套额外中子的加速器驱动的。这样的系统可能在安全和将废料转化为寿命较短的碎片技术方面具有优势，但却面临着似乎不可逾越的技术和经济挑战，因此该技术将在很长一段时间后才有可能实现。

4.8.6 核聚变反应堆

从长远来看，核聚变，即通过将小质量的原子聚合在一起，而不是将大质量的原子分裂开来产生核电，这代表替代现有核裂变技术的重要潜在可能性。核聚变系统将具有非常低的安全、安保和扩散风险，可大大减少核废料产生的数量。

4.9 本章小结

与其他能源一样，核能必须大幅增长才能在中国能源系统降碳方面发挥重要作用。正如本章所描述的，核电要实现大幅增长需克服各种困难，并解决重要的核电安全、安保，以及核扩散风险等问题。由于实现降碳目标的艰巨性以及核电在实现深度降碳过程中所能够发挥的重要作用，中国有必要采取切实可行的措施来解决核电增长的限制因素，从而使其成为未来易于拓展的选择。

中国可在未来10~20年采取若干步骤，最大限度地利用其在30~70年内可获得的核能达到深度降碳的目的。

4.9.1 避免灾难

一旦中国发生大规模核事故或恐怖事件，会使核增长变得更加困难。因此，中国为保持其未来核电选择的开放性，可采取的最基本的措施是投资安全和安保，以避免此类灾难。

如前文所述，中国应加强其核监管并创建一个类似于美国INPO的行业级组织，以建立最佳实践模式、进行同行评审和跟踪趋势。它还应该加强培训、激励和其他能够增强其核组织安全和安保水平的措施。中国应该继续停止建造更多第二代反应堆的决定，并且更多地建设具有更强被动安全特性的第三代及更高迭代反应堆。政府应该给建造者、运营商和监管机构足够的时间来做更细致工作，以适当的速度推进他们的工作。

在安保方面，中国应确保所有主要核设施都得到有效保护，避免遭受各种威胁，并对其核安全系统性能进行定期测试。高强度的被动安全——使意外事故或人为事故都很难造成大量放射性物质的释放，这应该是中国先进反应堆发展的基本目标。

4.9.2 建立公众信任

公众对建造核电设施的反对声音，可能是中国实现大规模核电发展最需要解决的问题。中国的核电机构将不得不投入大量的时间和精力，与当地社区建立信任，与当地居民接触，解答他们所担忧的问题，并贯彻执行对当地居民所做出的承诺。

中国应着手进行关于其核电公众参与工作有效性的调查和其他数据收集工作，以便在一段时间后了解这些工作中哪些有效，哪些无效。

4.9.3 改善经济效益

在规划未来能源和发电方式、支持降碳和市场改革时，中国应确保维持核电和其他低碳能源能够吸引社会资本投资。进一步降低成本和增加投资人回报（例如将核电厂的能源用于提供基荷电力以外的其他用途）是促进发展先进核电系统的重点。

4.9.4 避免对危险和不需要技术的重大投资

正如决定不再对第二代反应堆进行投资一样，中国应该避免对昂贵、危险且对核电长期发电无益的技术进行投资。

在挥发性化学品中，高温处理废燃料会产生各种新的安全风险。大型核废燃料池、处理操作、液态高位废物储存以及钚储存和运输，都为恐怖分子破坏或盗窃核材料创造了潜在机会。

4.9.5 未来发展的选择

为最大限度利用核电优势，中国应继续投资并促进先进核系统的研究和开发。中国不应只专注于那些几乎可以立即演示和部署的技术，而是要找到能够解决过去限制核电发展的关键问题技术。与此同时，中国应该设法确保这些先进技术至少有一小部分通过实验和实践阶段，并准备好在21世纪中叶对其进行商业部署。

中国应将其核电研发工作的重点放在最有可能帮助克服本章所述的发展核电的关键障碍的先进技术和系统上，包括提升可证明和可理解的安全性，以获得更多的核电站建址选择，提升防核扩散能力和更好地与间歇性可再生能源整合的能力等。

为实现这些目标，中国应建立有能力决策和实施这些研发工作的机构，最大程度地确保深度降碳目标的实现，并果断削减前景不佳的项目，允许将资源重新分配给那些有利于实现深度降碳目标的核电项目。

4.9.6 未来之路

要使核能达到在中国降碳过程中发挥重要作用所需的规模，是一项不小的挑战。今天，我们还未确定这项挑战是否能被克服，但通过坚持不懈的努力，相信中国在未来能够实现对核能最大限度的利用。

第 5 章　向电动汽车过渡

亨利 · 李

5.1　概述

在过去的 20 年里，中国的交通运输行业发展迅猛带来了可衡量的经济和社会效益，但与此同时，也带来了对外国石油的日益依赖，导致城市交通拥堵，以及空气污染等问题。

目前，交通运输行业所造成的污染——包括传统的和非常规的——与电力和工业部门相比相对较小。这一差距可能会在未来几年继续存在，但随着其他行业二氧化碳排放增量的下降，减少乘用车的二氧化碳排放量将成为中国长期降碳战略的重要组成部分。要真正实现降碳，中国必须将温室气体排放量减少至接近于零。这意味着各领域都要尽量减少对化石燃料的使用，其中包括用电动汽车替代燃油汽车——要么直接采用纯电动汽车，要么采用氢燃料电池汽车。

这种转变规模之大令人咋舌。截至 2019 年底，中国拥有 2.25 亿辆使用化石燃料的乘用车和 2700 万辆卡车。假设经济持续增长，到 2040 年，中国人均汽车拥有量将至少增加 50%，达到 3.5 亿 ~4 亿辆。如果中国要让 80% 的汽车实现电气化，意味着要将 2.8 亿 ~3.2 亿辆汽车电气化。这样的转变将对电网产生巨大的增量需求。此外，中国还需建设许多新的基础设施，用以将电力输送、分配和销售到一个迄今为止尚未消耗过多电力的产业之中。

为实现这种转变，中国需要安装数百万个单独的充电装置。同时，中国还需要调整公用事业监管法规，而这将会影响电价和投资决策。

部分已开始展露的交通运输趋势将会持续，中国消费者对城际铁路交通的依赖将继续扩大。政府可鼓励居民使用小型电动汽车进行短途旅行。但如果没有增量电力以及将电力传输至数百万个充电装置的能力，消费者将不愿购买电动汽车。如果没有一个支持性的监管体系，投资者——主要是国有企业——将会产生亏损，并且不愿投资于必要的基础设施建设领域。有了以上这些条件的加持，转变才有可能发生。但这种转变很难一蹴而就。因此，如果中国计划在 2030—2060 年实现交通系统电气化，就必须从现在开始着手准备。

过去的 20 年，中国交通运输行业的发展令人瞩目。2019 年，中国汽车销量超过 2100 万辆，比美国多 400 万辆。今天，中国拥有世界上最大的汽车市场，且中国的汽车销量将持续增长。

1992—2013 年，中国在交通基础设施领域的支出（以 GDP 的百分比衡量）是西欧或北美地区的 3 倍。如今，中国东部地区的高速公路网络已全部完工，而“十三五”规划的重点是将该公路网扩展到中西部地区。

1988 年，中国的高速公路仅有 110 公里。如今，它已超过 12.3 万公里。中国拥有世界上最长的铁路网，它的高速铁路系统服务于中国几乎所有人口超 50 万的城市。中国的铁路客运系统也非常成功。2013 年，中国城际公路汽车客运人数开始下降。然而，有趣的是，在货运方面却出现了相反的现象，更为灵活、方便的卡车取代了铁路，成为货运交通的首选。

尽管中国交通运输系统的发展举世瞩目，但却产生了高昂的社会成本。例如，在北京，大约 31% 的 PM 2.5 和 58% 的 NO_x 是由交通运输行业造成的。虽然交通系统的二氧化碳排放量较低，但据估算，这一排放量已从 2010 年的 5.814 亿吨增加至 2016 年的 8.43 亿吨。

随着固定排放源以及车辆数量的增加，交通运输系统所排放的二氧化碳占二氧化碳排放总量的比例将持续上升。然而，二氧化碳排放并不是中国目前努力降低交通运输成本的主要驱动力。对传统空气污染、交通拥堵和能源安全的担忧才是促使中国政府设计和实施新的政策和计划的主要原因——其中一些可带来减少二氧化碳排放这一额外好处，而另一些则没有。

5.2 能源安全

中国日均石油进口量从 2009 年的 380 万桶增长至 2017 年的 840 万桶，中国已成为世界上最大的石油进口国。其中约 48% 的石油用于交通运输，且这一比例仍在增长。

中国可大致从 3 个方面管理其能源安全问题：①可使进口外国石油来源多样化；②可建造陆上输油管道，从而减少通过战略要地运输的石油量（例如只有 1.7 英里宽的马六甲海峡）；③提升能源效率。

在一定程度上，中国已从 3 个方面开展工作了，但这些行动只是减缓了进口石油的增长速度，并非降低进口量。到 2040 年，中国的石油进口水平预计将超过 1300 万桶 / 天。

5.3 交通拥堵

大城市的交通拥堵现象使通勤成为城市打工人的一场噩梦。原本20分钟的行程，由于交通堵塞，往往就变成了2个小时。为解决这一问题，中国各大城市在公共交通上投入了数十亿元，并对驾驶和出行实施了监管限制。在大城市，渴望购买新车的消费者会通过竞拍来获得汽车牌照。但随着城市人口的增加，这些措施对缓解交通拥堵的效果十分有限。

5.4 空气污染

中国政府要求每年对所有车辆进行一次年检，对老旧车辆进行更为频繁的检查。如果老旧车辆没有通过检查，则必须在规定天数内报废，并要求车主在购买新车前出示报废证明。中国国务院设定了一个目标，到2020年，将乘用车的新汽车燃油效率提高到47.7 MPG。美国的标准是到2025年达到55 MPG（换算成道路上的估算值为37.3 MPG）。

5.5 贸易和制造业

除改善当地空气质量、减少交通拥堵，以及加强能源安全外，中国还有第四个当务之急——发展经济。中国决心摆脱“中等收入陷阱”，即摆脱低价值制造业和依赖国外技术创新的状况。

中国一直是全球经济力量的关键参与者。然而，中国汽车行业的结构现状限制了中国实现这一愿景的能力。中国有120多家汽车制造企业。其中多家为省级政府所有，这些车企所创造的经济收益是省级财政收入的重要来源。为保护这些收入来源，地方政府限制汽车的跨省销售，而政府历来将外资所有权限制在合资企业中。以上这些规定，加之限制性的技术转让政策和高进口关税，保护了中国汽车行业，但所造成的结果是，中国汽车制造商在全球市场上的竞争力被削弱。

5.6 电动汽车的部署

自 2009 年起，中国将电动汽车的开发和部署作为实现上述四个政策目标的手段。首先，电动汽车会使中国跨越技术壁垒，实现弯道超车，在汽车领域，成为世界市场上的主要参与者；其次，电动汽车的大规模部署将减少汽油和柴油的消耗，降低中国对进口石油的依赖；最后，电动汽车将减少空气污染，有效降低颗粒物和氮氧化物的排放。虽然电动汽车的部署不会减少城市交通拥堵状况发生，但交通拥堵发生时，电动汽车比传统的燃油汽车消耗的能源更少，因此，它更适合中国那些交通拥堵的城市。

5.7 二氧化碳

中国已承诺到 2030 年实现碳达峰，并大幅提高非化石能源在总能源中的占比。迄今为止，中国碳达峰战略主要集中在发电上，但如果中国想要在此基础上更进一步，大幅降低碳排放，就必须改变其交通系统现状，摆脱对石油燃料的依赖。在某种程度上，铁路系统的电气化就是朝这个方向迈出的一步。虽然喷气燃料（属化石燃料）有替代品（如生物燃料），但让航空业放弃使用化石燃料依然困难。地面交通才是交通部门降碳工作的重中之重。

5.8 变革规模

在一切照旧的情况下，到 2030 年，中国将有超过 3.5 亿辆汽车（乘用车和卡车）上路，到2040年可能达5亿辆。如果这些车辆的能源动力来自传统化石燃料或核能，中国将需要大约120座1 GW的发电厂。如果电力来自风能或光伏发电，这个数字将是两倍。我们假设电动汽车平均每天行驶25英里（40公里），每行驶3英里（4.8公里）消耗大约1 kWh。实际数字对车辆充电的时间（夜间或白天）很敏感。但无论在哪种情况下，对扩建电网的投资需求量都将是巨大的。

最根本的一点是，电动汽车的部署将需要更多的电力，以及新的输电系统和配电设施。总投资成本可能在5000亿～1万亿美元。虽然这个数字巨大，但完全在中国的能力范围之内。

5.9 汽车电气化是中国的最佳选择吗

如果减少电力部门和工业部门二氧化碳排放的成本更为低廉，中国是否会选择忽略交通运输行业的电气化呢？这一想法似乎有一定的道理，因为减少固定来源排放的积极计划可能比试图将车辆运输行业转变为用电更便宜，而且破坏性可能更小。然而，在某些时候，减少固定排放源的边际成本将大于使部分中国交通运输业实现电气化的边际成本。这些成本曲线的交叉点因中国地区而异。如果中国的目标是在2060年实现碳中和，将必须使其交通运输行业摆脱使用化石燃料。

如果中国选择电气化，那么中国必须先回答以下3个问题：

· 车辆电气化是否会减少二氧化碳排放？

· 电动汽车的深度部署面临的主要挑战和障碍是什么？

· 哪些政策将促进车辆电动化这一转变？

下面，让我们依次来回答这些问题。

5.10 车辆电气化是否会减少二氧化碳的排放

多项研究试图针对这个问题给出答案，虽然他们假设的前提和结果不尽相同，但回答基本是一致的：从短期或中期看，由于电动汽车的快速部署，中国大部分地区的二氧化碳排放量将增加。但从长期来看，因为非化石燃料发电取代了煤炭发电，二氧化碳排放量将会下降。

2013 年，霍宏和他的几位同事研究了电动汽车对中国传统废气排放和温室气体的影响。他们考察了 3 个地区——京津地区、长江三角洲地区、珠江三角洲地区。他们研究发现，电动汽车普及率上升将减少当地传统污染物的排放，但需要电网负担额外的发电需求。在以燃煤发电供电为主的地区，交通运输行业电气化会增加二氧化碳排放量，但对于那些主要电力提供靠可再生能源（主要是水力）的地区，二氧化碳排放量将会减少。他们假设中国的电动汽车将比美国的同类车更小，每英里用电量也更少。最终得出的结论是，在长江三角洲和珠江三角洲地区，与燃油汽车相比，电动汽车的广泛应用将减少 20%~40% 的温室气体排放。这一结论是基于非化石燃料发电，在 2025 年以后，能实现纳入电网的假定目标比例而得出。研究还显示，2012 年，电动汽车使京津地区的温室气体排放量增加 3%~10%，因为该地区对燃煤电站电力的依赖程度更高。

仔细研究这些数据背后的假设前提很有价值。首先，霍宏假设中国将大量增加使用可再生能源发电并减少实际使用的燃煤发电量。虽然可再生能源的发电量将增加，但未来 20 年，燃煤发电量是否会减少并不确定。

为解决东部城市的传统污染问题，中国并未淘汰煤炭，而是将产能西移。“十三五”规划提出将“限制东部地区煤炭资源的开发，同时优化并加强西部地区煤炭资源的开发”。煤在哪里燃烧，从二氧化碳排放的角度来看，并不重要，但对氮氧化物、硫和细颗粒物却很重要。在人口较少的地区排放污染物，就意味着人群接触污染物的机会更少，死亡率和发病率也更低。

其次，中国大部分的燃煤电厂是在过去 15 年中建成的，它们至少还有 25 年的运营寿命。中国如果提前大量淘汰这些电厂是否合理？在最新的五年规划中，政府提倡在全国范围内对现有燃煤电厂升级更新，以降低常规污染排放并提高效率。这将使特定发电设施的温室气体排放量减少 5%～10%，但同时也将造成这些发电设施在未来许多年中继续发电，并排放大量的二氧化碳。

最后，即使中国对交通运输行业电气化没有兴趣，未来几十年的电力需求也大概率会增加。中国将致力于把相当大比例的工业基础设施电气化，实现经济转型，使其更多依赖服务业，这一转型将消耗更多的商业电力。无论交通运输行业发生什么变化，这两个发展趋势都将增加电力的需求。

正如前文所述，一部分的电力需求缺口将因电网运行效率的提升得到补充，而另一部分需求缺口将因能源生产力的提高得到补充。但这两个因素不足以促使电力需求保持不变或减少。

有关电动汽车的广泛应用将减少温室气体排放这一预测，是建立在非常乐观的假设之上——中国在大多数燃煤电厂运营寿命结束前 20 年就将其报废，并且改革电网，以前所未有的速度无缝整合大量非化石燃料能源电力。所有的这一切都将发生在中国对金融风险（特别是省级债务）增加的担忧并保持当前城镇化速度的情况下。中国此前取得的成就曾让不少专家感到惊讶，但坦率地说，短期内取得更高成就的可能性并不大。

如果电力行业不迅速过渡到高度依赖非化石燃料发电，那么电动汽车的激增很有可能会令温室气体的排放量增加，尤其是在没有大量水力发电的北方地区。

如果在未来 10~20 年，快速转向电动汽车可能会增加温室气体排放，那么中国是否应该放弃电动汽车的开发和部署？答案为否。以 20 年略微增加的温室气体排放为代价，来实现在本世纪剩余时间的低碳排放是值得的。

中国的最终目标应是达到低碳排放或碳中和。目前仅靠交通行业电气化不足以实现这一目标。中国应开发新的电池和充电技术，制定新的业务战略，并进行新的监管和治理改革。当然，中国还必须加强其能源技术创新，加快研究进程。然而，中国如果要等到低碳电网到位或更高效的电池技术出现后，才开始实行交通运输行业的电气化，中国的碳中和进程也许会推迟 10 年。因此，以上所有这些行动都需要同时进行。

5.11 实现电动汽车的深度部署

中国的终级目标是开发和部署比传统化石燃料汽车更具吸引力的电动汽车。这意味着需要生产符合中国消费者需求，且在性能和价格上可与燃油汽车和卡车相媲美的电动汽车。同时，中国需要设计和建立一个可使用、可负担且方便的基础充电设施系统。为实现深度降碳，到 2060 年，中国绝大多数客运交通工具都需实现电气化。在这种情况下，制造和销售以汽油或柴油为燃料的汽车将不是一桩有利可图的生意，其他交通运输工具也将很快向电气化发展。2017 年，中国上路的电动汽车约有 150 万辆，官方预测，到 2030 年，这一数字将超过 8000 万（约占预计客运车总量的 15%~18%）。如这一趋势持续下去，到 2060 年，中国预计将有 3.5 亿辆电动汽车上路。为此，中国必须研发落地一套与该体量相匹配的，能顺利开展电动汽车制造、销售、维护和充电的体系。

5.12 交通工具的首选

与燃油汽车相比，电动汽车具有以下几大优势：启动、加速更快；性能更好；噪声更小；由于车的部件更少，维护问题也相对较少。在美国，消费者在购买新车时，倾向于权衡多个因素。他们通常想要一辆比他们现有的综合评估水平更高的车。他们还会购买能装下尽可能多行李、满足长途旅行需求的车。因此，续航里程较短一直是电动汽车在欧美市场销售受阻的原因。为解决电动汽车“续航里程焦虑”，欧美制造商正设计、制造电池容量越来越大的电动汽车。

然而，中国消费者可能有不同的想法：首先，不少中国人仍然没有汽车，因此每年汽车新增销售额中有很大一部分来自首次购买者，他们不会与已有汽车进行比较，而是权衡他们的实际交通需求。其次，开车上下班或只是在城市周边旅游的城市居民，经常发现自己在旅途中的大部分时间都陷入了交通拥堵的困境，在交通拥堵司空见惯的情况下，电动汽车效率比燃油汽车更高。

中国具有世界上最好的城际铁路系统，居民的“里程焦虑”相对来说并不十分严重。如果一个人从北京要前往 500 英里（约 800 公里）外的家中，他可以选择舒适快捷的高铁——这是美国旅行者所享受不到的，这意味着“里程焦虑”不会成为中国电动汽车销售的障碍。此外，中国汽车制造商可以选择销售体积更小、价格更便宜、电池容量更低的电动汽车。在中国购买一辆小型城市电动汽车，远比在欧美更具有吸引力。

直到2016年，中国的小型电动汽车几乎只出现在农村地区，出于安全考虑，小型电动车被禁止上高速公路。但这些车辆正在被更大、更安全、可在所有道路上行驶的车型所取代。例如，中国大型汽车制造商之一的比亚迪宣布，将重点关注价格较低的“低端电动汽车”，并将显著改善它们的性能。其他中国汽车制造商则计划积极推广低端电动汽车与较大车型的产品组合，包括混合动力汽车。

总体而言，到2025年，中国的汽车展厅里将会有很多不同款式的电动汽车。显然，其中一些车型将因无法吸引买家而被淘汰，但中国消费者将不难找到符合他们需求的电动汽车车型。

那么运营车辆，如公共汽车、出租车和商用货车等将如何发展呢？中国在部署运营电动车方面已取得了重大进展。过去5年，大部分针对电动汽车的补贴资金已用于购买出租车、公共汽车和政府服务用车。显然，这一趋势在一些城市和地区比其他地区更为明显，拥有电动汽车制造商的地区比没有此类公司的地区更激进。此外，对电动汽车的慷慨补贴计划，针对的是特定地区，而不是整个国家。

5.13 货运

货运行业呈现出一个更大且不同的问题。虽然客运火车抢走了公路和航空客运的生意，但货运却发生了相反的情况。随着中国转向消费导向型经济，对卡车的需求，尤其是中小型卡车的需求将会增加。出于环境原因，中国现在将燃煤电站建在远离东部城市、离煤矿更近的地方。铁路运输煤炭变成了高压输电线路输送电力。随着中国对更多可再生能源和长距离输电的投资，煤炭运输的收入将以更快的速度下降。

如果货运卡车公路运输增加，而货运铁路萎缩，那么货运行业的碳排放量将会增加，因为后一种模式比前一种模式更节能。

卡车的大小和行驶距离各不相同。将货物从区域仓库运送到当地商店或是将包裹运送到家中的短途卡车体积更小，每天行驶距离通常不到240公里。用于为这些卡车供电的电池容量为75 kWh或者更少，并且卡车晚上可在中央车库充电。对于主导市内货运交付的小型卡车来说，电气化是一个可行的选择。

然而，城际货运由长途卡车承担，这些卡车每天通常运载超过36000公斤，行驶距离超过250英里（约400公里）。如果用电力驱动该容量的货车，所需配备的电池尺寸和容量将会非常大。此外，柴油卡车燃料的替代品也颇具吸引力，液化天然气在经合组织（OECD）国家越来越受欢迎，在中国，相较于长途卡车电气化，从经济和物流上考虑，液化天然气或许是一个有吸引力的选择。预计到2060年，中国在路上行驶的汽车和卡车，将与2020年在展厅中展出的汽车和卡车看上去截然不同。随着电池技术和基础设施设备系统的持续发展，氢能可能会成为一种可行的燃料，同时液化天然气也将继续作为一种有竞争力的燃料被广泛使用。虽然重型卡车电气化似乎不太可行，但创新技术，也许会在未来某一天改变这种局面。

5.14 电动汽车的普及所面临的经济挑战

电动汽车技术已投入商用近20年。在早期，电池成本接近800美元/千瓦时。如今，电池成本已降低了近一半。投资者——包括电子产品和汽车制造商——正投入大量资金，开发更高效、成本更低的电池。当电池的成本等于或低于200美元/千瓦时的门槛时，电动汽车将比传统的燃油汽车更经济。虽然人们无法准确预测未来，但这一门槛很可能在2025年，甚至更早之前被突破。

消费者接受电动汽车的主要障碍有3个方面：①价格高；②对新技

术的怀疑；③缺乏方便可用的充电方式。为克服前两个障碍，中央和地方政府提供了慷慨的补贴（每辆电动汽车最高可补贴 7000 美元）。电动汽车的年销量在 40 万辆以内时，提供该补贴对政府来说在财务上是可行的。但在更高普及率的情况下，政府将难以承受大额补贴。进一步的补贴还会抑制技术创新，因为它们会诱使消费者购买尚未具有经济竞争力的产品，而不是向制造商施压以开发更好的技术。也就是说，制造商可以锁定，至少是暂时锁定，效率较低且成本较高的技术，这实际上会减慢创新速度。

补贴的确创造了收益，但研究表明，对于制造商、政府和消费者来说，这些益处主要是以学习的形式体现，而不是减少环境外部性。因此，一定程度的补贴是有益的，但政府应顶住扩大补贴的压力。

在认识到以上这些限制后，中国打算逐步取消电动汽车补贴，从 2022 年开始，减少对电动汽车 20% 的补贴金额。取而代之的是使用监管工具来激励消费者购买电动汽车。例如，在中国许多大城市购买新车的人必须从政府获得登记或许可证，传统车辆的购买者需要通过配额获得许可证，但电动汽车的购买者则随时可以获得。在一些城市，燃油汽车只能根据车牌号码在某些特定的日子驶入市中心。然而，电动汽车将不受此限制。空间有限的车库也要为电动汽车优先提供停车位。所有这些措施都旨在刺激电动汽车的销售。

在过去的几年里，中国消费者一直在购买小型电动汽车，作为规避这些驾驶限制的备用车。在许多情况下，消费者驾驶这些车的次数多于驾驶大型柴油或汽油车，因为电动汽车更适合城市交通。此外，中国的驾驶者不像美国驾驶者那样偏爱汽油车，中国政府在利用其监管权力影响人们的驾驶偏好时，遇到的阻力也相对较小。

5.15 充电基础设施

从技术和监管角度来看，电动汽车取代传统的燃油汽车似乎是可行的。然而不确定的是，这种转型会以多快的速度发生。历史告诉我们，系统的转变通常比它们的支持者所预测的要慢。如果中国的目标是深度降碳，降碳速度并不如最终转型强度那么重要。这种转变，不太可能因高效、廉价电池技术开发的延迟，或因消费者对陌生技术的抵制而放缓。相反，缺乏有效的充电基础设施很可能是导致转型延迟的主要因素。截至 2017 年底，电动汽车充电基础设施系统仍有待进一步开发，且其成本高昂，在许多情况下不可用。

倡导者通常关注特定资产，例如更多的可再生能源或更多的电动汽车，而不了解这些特定资产是更大系统的一部分。当一个家庭购电时，所支付的费用中包括了传输电力的传输线路、驱动电能的电压和确保高质量电力的频率调节等。

同样的情况也适用于交通运输系统。在过去的 50 年里，各国建立了高度依赖私有车辆的交通运输系统。为了支持这些车辆，政府修建了数千英里的高速公路和道路。石油行业开发了一个加油基础设施，它能够在不到 5 分钟的时间内为车辆加油。这个系统的成本相对较小，在大多数国家，该成本还不到精炼燃料总成本的 17%。

然而，客运电动汽车系统则大不相同，客运电动汽车行业仍处于起步阶段，其最终的系统结构如何，还存在很大的不确定性。现有的技术可以较慢的速度（以小时计算）为电动汽车充电，其成本低于为汽油或柴油汽车加油的成本。这种情况在中国尤甚，因为中国的汽油价格比美国高，但电价却比美国低。

现如今，商业充电站已有了快充技术，电动汽车充电 20 分钟，可行驶 100 英里（约 160 公里），但在中国大多数区域，快充的总成本要比慢充高得多。

5.16 家用充电

大多数中国家庭不具备购买有私人车库或车道的独栋别墅的经济实力。大多数城市人口居住在高层公寓中，他们只能将车辆停放在街边、公共或私人停车位，或公共车库中。与许多美国房主不同的是，普通的中国驾驶者无法将自己的电动车停放在私人车库充电，也不能为安装快充设备而重新布线。尽管有一些令人印象深刻的创新案例——例如，使用延长线从高层公寓的 5 楼为停在地面街道上的电动汽车充电——但围绕这种做法设计的充电系统是不安全的。

在中国，无论开发何种收费系统，都必须与现有的住房系统相结合，而在大多数情况下都是高层公寓。中国有两个选择——其一是广泛使用公共充电站系统；其二是开发商业快速充电站系统。这两个选择都不容易实现，两者都需要投入大量的前期资金，而后者正如前文所述，在初始部署阶段的成本较高。

在美国，家用充电设备（容量约为 6.6 kW）每台的成本约为 1500 美元。这个数字还不包括挖沟（如果充电设备位于室外或沿街）和重新布线的成本。这些成本因建筑物的类型、位置和现有布线水平的不同而不同。一个低成本的系统每套将需 3000~5000 美元不等。这些资本成本必须由用户支付，或是由政府补贴。在这些资本支出之外，还必须加上使用电力成本，电力成本随时间的变化而变化，下午 6 点的电力成本要比半夜的更贵（电力成本很少准确地反映在价格中）。

截至 2017 年底，中国政府已安装了 21.4 万个公共充电桩。其中大部分是慢速充电桩，给一辆安装了 30kWh 电池的小型电动汽车充电，需要4~6小时。理论上，一个充电桩可在12小时内为3辆汽车充满电，但这意味着1/3的车主将不得不在半夜挪车（或充电器）。在我们的分析中，假设这种情况不太可能发生，因为停在充电站的车一般会一直停到早上。这意味着在2/3的时间里，车辆并没有在充电。此外，许多充电桩白天也不会被使用，因为很大一部分用户白天不在家。

假设电力成本为0.10美元/kWh，投资和安装充电设备的资本回收成本为0.10美元/kWh，那么总成本将在0.20美元/kWh左右。这一数字可以通过在每栋公寓或办公楼安装更多的充电装置来降低，因为单一地点的规模经济将降低安装的总成本。

中国现在要求新建筑必须装有电动汽车的布线和设备，这些成本已计入建筑物的建设成本中。假设总成本降低到0.20美元/kWh以下，驾驶者平均每天行驶32英里（约50公里），那么每月需要支付约32美元，每年则需要384美元。对于中国车主来说，这个数字为同等汽油或柴油汽车加油成本的1/2。

挑战不仅在于简单地开发更好的电池充电技术，还在于开发一种商业模式，让用户可以承担充电和电力的大部分固定和可变成本。如果到2040年，有3亿辆电动汽车上路，而这些电动汽车每天所需的电力成本为1美元，那么所有电动车的年充电总成本将达到1100亿美元，这还不包括用于发电扩容、输电线路或配电系统的改进的额外费用。

那么快速充电桩呢？答案取决于人们如何定义这个概念，快速充电桩的每单元容量在50 kW或更高，可在大约30分钟内为30 kWh的电池充满电。特斯拉正在它们的一些新站点安装120 kW的充电桩，同时由几家欧洲主要汽车制造商组成的财团宣布，他们正在开发一种350 kW的充电桩。为快速充电站服务的基础设施成本将远高于小型系统的成本。大多数充电站将有多个充电装置，类似于现在的加油站。因此，如果一个充电站有 5 台 350 kW 的充电桩，它在高峰使用时将消耗 1.75 MW 的电力。支持这样一个充电站的电力基础设施需要在电线、变压器和配电设备方面进行投资，以使其能够承担 1.75 MW 的负荷。这些费用将是巨大的，并将因地点而异。

为了支付这些固定成本，充电站必须对售出的电力收取高额的附加费，或是建在客流量较大的地方。一个 350 kW 的充电桩——尽管目前还没有商用——可以在 6 分钟内提供电动汽车行驶约 160 公里所需的电力。在这种情况下，电动汽车将电池充电至到达目的地所需的电量即可，而不必充满电。这将提高充电桩的利用率。

这样的充电桩在中国会有较大的市场吗？也许不会，因为中国消费者的里程焦虑没有美国驾驶者那么严重，原因在于中国有其他出色的城际交通工具选择。大多中国制造商可能不太倾向于销售使用 100 kWh 电池组的昂贵汽车，而会重点关注以使用较小电池组的廉价汽车为主的电动车市场。所有这些趋势都表明中国驾驶者对家用充电的需求越来越大。

5.17　可再生能源的增长是否会影响电动汽车的经济性

如果可再生能源的发电量迅速增长，快速部署电动汽车所造成的二氧化碳排放增量将会减少。与使用柴油或汽油的汽车相比，在化石燃料发电率低于 50% 的情况下，电动汽车将减少其二氧化碳排放量。然而，将电力部门的煤炭使用量减少到 50% 以下并不容易，也不会很快实现。

风能和太阳能的间歇性将对中国不同地区产生不同的影响。南方地区可以获得大量水电供应（这可以平衡电力供应的波动），而北方地区则没有。因此，北方地区整合可再生能源的成本和价格会更高。此外，中国北方地区对于提升能源安全的愿景更高，这些因素将推动电动汽车的发展。

总之，电动汽车的商业化是否成功将部分取决于中国电力系统改革成果。电力系统改革不仅包括提升储能和非化石能源发电技术，还包括改进政府间的协调与合作。电动汽车系统需要一个现代化的电力系统。

5.18 交通电气化普及失败的可能性

尽管对电动汽车的部署速度可能比政府预测的要慢，但到 2060 年，中国的交通运输行业很有可能实现高度电气化。到 21 世纪末，具有成本竞争力的电动汽车普及率会更高。但这并不意味着中国消费者都会去购买充电设备，因为一种有效且可广泛应用的充电设备可能需要更多时间才会出现并投入市场。中国已有强大的动力推动其电动汽车市场的发展，但发展的速度存在较大的不确定性。

如何才能扭转这一局面？推动中国转向电动汽车市场的动因——空气污染、能源安全、全球市场、气候变化，不会消失，中国将持续为解决这四个问题投入更多的资源和成本。所以，现在的问题是：是否有比电动汽车成本更低、更有效的替代方法。

我们首先想到的是自动驾驶汽车。但自动驾驶汽车与非自动驾驶汽车一样可能是电动的，其充电系统的设计会稍微容易一些，但在许多城市，停放此类车辆所需的土地使用费会很昂贵。目前，自动驾驶汽车仍然存在很多的不确定性，我们尚不清楚它是否优于非自动驾驶汽车。

那么氢能汽车呢？目前购买和运营氢能汽车的成本比购买和运营类似电动汽车的成本要高出 50%。除成本因素外，发展氢能汽车还有三个障碍需要克服。

首先，需要缓解公众对安全问题的担忧。其次，必须生产氢燃料，最有可能的两个选择是使用现有的发电厂——其中许多仍然是燃煤电厂，这会造成二氧化碳排放量增多。最后，就像电动汽车需要充电基础设施一样，氢能汽车也需要自己的充电设施，这需要大量的投资。

一些人支持的另一个选项是生物燃料。但为 3 亿辆中国电动汽车提供燃料所需的土地使用数量使这一想法只能成为一个小众替代方案，可用于某些无法实现电气化的交通方式，例如飞机和重型卡车。

最后一个选项是开发和制造超高效率车辆。该选项将使用现有的汽油基础设施，因此在成本方面，可能比其他选项更具吸引力。然而，为有效应对气候威胁，各国必须消除几乎所有的温室气体排放，努力达到尽可能接近零的碳排放水平。超高效率车辆无法达到该水平，它们最终将被电动汽车或氢能汽车取代。

5.19　本章小结

在中国，普遍存在的常规空气污染问题（尤其是在东部大城市）、对能源安全的日益关注，以及城市的交通拥堵问题加速了发展电动汽车的进程。中国对电动汽车的投资不断增加，政府通过增设研发项目，制定强有力的监管措施等方式，大力推动电动汽车的部署。

在前进的道路上必然会有一些坎坷，并非所有的研发项目都能转化成可应用的技术，也不是所有的监管项目都能成功。此外，在短期内，电动汽车的部署越成功，随着现有燃煤电厂的运行时长的增加以及新的燃煤电厂投入使用，二氧化碳排放量增幅会越大。然而，从长远来看，充电技术、监管力度和基础设施的销售将支持电动汽车的发展。

电动汽车部署面临的以下两个挑战可能会更难克服。第一个挑战是中国缺乏建设有效充电基础设施的方案。城市地区高昂的土地价格，令快速充电设施的成本大大提升。除非快速充电设施的利用率很高，或者政府同意补贴开发或出售充电设施的电力，否则投资者将蒙受损失。

中国确实拥有一个巨大的优势，那就是其强大的城际铁路网络和运行良好的公共交通系统。然而，许多项目已接近满负荷运行状态，扩展它们的空间或资金有限。较小的电动汽车可能是应对日益增长的流动性需求的可行方法。我们开始在城市道路上看到更多的小型电动汽车。然而，随着电动汽车使用量的增加，开发一个既方便又可用的充电基础设施将成为一项越来越大的挑战。

第二个挑战是需要为这些基础设施提供更多电力。技术正在改进，特别是与智能电网和更高效充电设备相关的技术，但如果中国电网要满足工业用户、商业和交通运输行业快速电气化的增量需求，就需要对电力的定价和分配方式进行改革。理论上，政府可以采取补贴方式，但在拥有数百万辆电动汽车的国家中，补贴可能无法持续。短期内，政府可以要求电网公司承担成本和零售价之间的差额，但这样的做法只会导致投资不足。最终，中国将不得不解决在调度和投资方面的低效问题，只有这样，中国才能实现向电动汽车过渡的目标。

第 6 章　从障碍到桥梁
——煤炭在中国降碳进程中的作用

迈克尔·R. 戴维森

6.1　概述

煤炭占中国与能源相关和与生产过程相关二氧化碳排放量的 80% 以上，是造成空气和其他环境污染的主要因素。经济的快速增长，尤其自 2000 年以来，主要依赖于燃煤发电和工业用煤。但煤炭造成的经济、环境和健康成本巨大，引发的政治问题也日益突出。作为回应，政府出台了一系列政策，旨在限制煤炭消耗的增长，其中包括淘汰重点地区的燃煤电厂及某些重工业，并通过改善环境等手段来减轻其部分影响。为了实现中国在《巴黎协定》中的承诺，并在本世纪中叶大幅减少碳排放，中国对煤炭的使用量需在未来 10 年内达到峰值，然后再以前所未有的速度下降。

尽管有以上这些限制性政策，且可替代能源的成本也在逐步下降，但摆脱对煤炭依赖的计划既不能自动实现，也不能一蹴而就。技术、政治和历史上的诸多障碍，促使煤炭依然在能源结构中占据主导地位。中国如果想在本世纪中叶前为深度降碳做好准备，就必须将煤炭从障碍转变为桥梁，在为清洁、低碳发电和工业流程开辟道路的同时，需重新有效利用国家资产提高其灵活性。

首先，在电力方面，燃煤电厂需扮演与之前截然不同的运营角色，从提供“基本负荷”电力，转向提供更多的可变电力，以平衡目前正日益增长的间歇性可再生能源。中国并未准确评估当前混合电力系统计划的可行性，这为电力灵活改造和灵活的运营带来了一定困难。

其次，燃煤发电与北方城市的供热紧密结合，热电联产可同时生产两种间接能源。这种集中式区域供热基础设施要么为了支持终端使用的电气化方案而被放弃，要么被重新用于集中发电或燃气发电——两者的成本都很高。

此外，中国一半以上的煤炭并不是用于发电和供暖，而是作为工业和家庭的燃料和原料在使用。在这些领域中，中国的电气化率较低。但就目前而言，推广高效新技术的激励措施，反而有可能导致产能过剩，而处于降碳进程中的中国，这些生产过程理应被电气化所取代。

这种转变对于社会经济的影响是巨大的。中国对煤炭基础设施进行了大量投资，这些基础设施存在着变为沉没成本的风险。中国近乎每个省份都面临着煤炭发电产能过剩的问题，即使在可再生能源发电水平相对较低的情况下，这给发电公司带来了一定压力。

6.2 中国煤炭产业的崛起

煤炭资源历来是中国经济增长的支柱，自 20 世纪 80 年代经济改革开始，中国建立了新的机构用于矿井开发，并确保发电、水泥、钢铁和其他部门和行业的煤炭供应。随着以煤炭为基础的区域供暖服务于高速发展的中国北方大城市，煤炭也成为城市化的重要组成部分之一。近几十年来，煤炭行业的就业及投资潜力已成为中国许多地区一个标志性特征。尽管中国在经济、环境和社会层面正逐步脱离煤炭，但变革仍存在一定阻碍。

6.2.1 工业化和城镇化的关键支柱

中国已探明的煤炭储量约为1400亿吨（按目前的消耗率计算，大约可供使用40年），位居世界第四。但中国还是会时不时面临煤炭短缺的问题。在20世纪80年代市场化改革时期，煤炭的开采和分配是在与铁道部协调价格和铁路运输的计划体制下进行的，并在年度煤炭会议的组织下签订煤炭购销合约。因此，煤炭价格一直维持在较低水平，以满足电力和钢铁等关键下游行业的配额。

到20世纪90年代中期，全国各地的小型煤矿纷纷开张，其生产扩张的速度超过了中央煤矿，解决了煤炭短缺问题。在这些小型煤矿中，大多数都是“乡镇企业”或私人拥有的矿井，它们成为关键的经济驱动力，且提供了相当数量的就业岗位。2010年，中国煤炭开采和洗矿行业的就业人数约520万，达到了峰值，之后又下降到了400万左右。山西省煤矿开采和洗矿行业的人均就业水平是全国平均水平的8倍。

尽管煤炭发电价格由市场决定，但电价仍受到政府的严格监管，这给发电公司带来了诸多挑战。当煤炭价格上涨时，发电公司无法转嫁所增加的成本，因而会拒绝生产，使当地遭受电力短缺状况。一些大型公司通过资源整合的方式应对电力短缺状况。一些拥有矿井的发电企业，例如中国能源投资公司在1990年建造了自己的铁路线，才度过了运输合同监管的困境。

中国一半以上的煤炭并非用于发电和供热，而是作为工业的热源或原料，或用于家庭取暖和烹饪。煤炭提供了中国54%的直接工业能源需求，与印度相当，但远高于日本（30%）和美国（8%）。在这些以煤炭作为能源的行业中，规模较大的，例如钢铁、水泥和化工制造业等，它们作为中国经济增长的关键要素，所生产的产品，一部分用于出口，另一部分用于支持国内工业发展和城市化建设。

中国的经济改革所带来的大规模城市化也是煤炭消费的巨大推动力。中国人口超 100 万的城市数量从 1990 年的 31 个增加至 2016 年的 156 个。城市基础设施推动了许多煤炭密集型工业产品的需求。

集中供暖在北部城市较为常见，与建筑或家庭层面的供暖相反，集中供暖主要由煤炭提供热能，尽管少数地区正在改用天然气。

6.2.2 早期节能工作

伴随着高效技术的引进，以及在一定程度上转向低能耗生产，中国单位 GDP 能耗正逐渐下降。节能减排是政府的重点工作之一，虽然一部分的技术转变是由市场力量驱动的，但同时也是政府指挥和控制的结果。在明确煤炭消费上限和节能减排目标政策出台之前，整个能源节约政策主要集中在对煤炭的使用上。

2001 年，中国加入 WTO 后，其能源使用增长速度要快于其经济增长速度，从而改变了其能源强度下降这一趋势。因此，在“十一五”规划中，中国确立了降低能源强度的目标，并扩大了小型低效燃煤电厂、水泥窑、钢铁冶炼厂及其他工业设施的提前退役计划。

然而，它并没有改变煤炭在经济中的关键作用，而是试图提高煤炭的生产效率。因此，煤炭以及与煤炭相关的政策，仍在被继续使用。

6.2.3 替补新动力

中国长期持续的能源密集型增长在 2015 年略有动摇。当时，中国电力增长处于停滞状态，煤炭使用量下降。为刺激经济复苏和减轻政府监管负担，政府将煤炭投资许可下放给地方政府。这导致地方政府开始对煤炭进行大量投资，绝大部分煤炭消费行业都出现了严重的产能过剩状况，导致煤炭出现利用率低、价格低、利润低，甚至负利润的情况。如今，包括煤矿、电力、钢铁和水泥在内的行业正制定去产能计划，地方政府不再支持大规模集中再投资计划。

在此期间，中国能源使用对非气候环境和健康的影响规模和政治重要性也有所增加，已成为缩减煤炭行业的第二大原因。据估计，空气污染造成的经济损失占 GDP 的 5%，而本世纪最初 10 年的 GDP 增长率为 7%～10%。

2013 年出台的《大气污染防治行动计划》中所涉及的一些措施与早期的保护措施类似，但相比之下，其规模更大。东部地区的燃煤电厂和工业设施被迫关闭，在拥有长距离输电线的西部地区建设煤电基地，并迁移重工业至此。在农村地区，推广以非煤炭燃烧为基础的炉具，提高可再生能源及核能作为煤电替代品的地位。中国许多省份也制定了明确的煤炭消费上限，在全国范围内，“十三五”规划制定了指示性煤炭消费上限和约束性目标，即到 2020 年，将煤炭在能源结构中的比重降至 58%。

煤炭行业大规模产能削减造成失业人数剧增。国际货币基金组织已将缺乏社会安全保障网络定为经济结构调整改革中的一个主要障碍。

中国社会福利部门已提出一些政策用于解决可能产生的不安定问题，包括公司内部转移，在相关领域寻找新的就业机会，以及提供基本社会福利支持等。就职于大型国有企业的工人，其内部转移相对容易，而较小的地方煤矿公司则面临一定的困难。更严重的是，开采小型矿井的劳动强度是露天自动化矿井的 25 倍。因此，在履行减少产能的核心优先事项与满足当地政治需求（例如就业）之间存在持续紧张的关系。

6.3 煤炭与电网政策

丰富的煤炭资源在推动中国经济增长的同时，也成为降碳的限制性因素。与其他大型碳排放行业相比，发电行业的煤炭替代品范围更大，且成本也与煤炭相当。此外，在其他行业，如供暖和工业生产等，最可行的能源替代方法往往是产业电气化，从直接使用煤炭改为使用电力。包括运输等传统的非煤炭行业，实现降碳的途径最终可能都需要依赖于大规模电气化。由于上述这些原因，在中国降碳化进程中，电力需求可能还会大幅增加。因此，本节主要讨论与煤炭相关的电网政策。

6.3.1 煤电的规划需考虑其广泛适用性

早些时候，观察家就认识到可靠的电力供应是工业增长的关键先决条件。20 世纪 80 年代初，电力持续短缺，新增投资由于严格的中央计划和资金匮乏等原因而滞后。1985 年，政府放宽了发电投资的规定，下放给地方政府一些许可权，并允许特别电价补贴以鼓励新建发电设施。私人企业也可以开始建造和运营发电厂，缓解了 20 世纪 90 年代中期的电力短缺问题。

虽然投资规定已放开，但电力价格和年发电量并未得到有效激励。新项目的电价能够保证项目收回投资成本，且从长期看，可获得较高利润。这实质上是采取了不少国家普遍采用的回报率监管制度，但这一制度导致了成本膨胀和过度投资。2002 年，这一制度被正式撤销，取而代之的是“基准电价”制度。基准电价制度统一适用于同省所有新建的燃煤发电机组，其电价水平由国家发展和改革委员会的价格部门确定，主要目的是控制通货膨胀。

当电力短缺时，所有的发电厂都会被投入使用，工业用电根据普遍的经验法则进行调度配给，而不是根据意愿（即边际利润）进行调度。当电力不再短缺时，发电商会根据政府的年度规划流程进行电力分配，然后再由电网公司进行电力调度。这两个步骤都没有以效率为核心。例如，公平性压倒一切的分配调度制度，会让多个发电机的利用率均等化。此外，还有人认为，电网公司会优先使用自有发电机，据报道，四川二滩水电作为世界银行资助的一个备受瞩目的项目，其利用率与四川电网自己的发电机相比，运营时间明显不足。

随着价格保障和平均分配发电计划的实施（虽然会有一些变化），燃煤发电项目投资蓬勃发展。因此，与只允许具有边际成本竞争力的发电系统供电的典型电力市场相比，平均分配发电计划将导致过多参与者进入市场。

在 20 世纪 90 年代末及本世纪第一个 10 年当中，煤炭市场化推动了煤炭价格的上涨，而基准电价的增长较为缓慢。虽然一项旨在将电价与煤炭价格“挂钩”的官方政策已被落实，但该政策并未始终如一贯彻实施。

电力行业改革在 2015 年启动，其目标包括使电力系统的规划和运行合理化，让市场发挥更大作用，以及削弱电网垄断。

6.3.2 地方政府激励措施

目前的市场改革有助于地方政府完成电力改革任务，因为它保证了新增投资的可行性。就国有发电企业而言，其内部业绩评估体系更倾向于使用总容量和发电量这样的指标，而不是利润，因此它们能受到激励并继续在竞争激烈的市场上进行投资。

地方政府通常更关心降低工业用电价格，而不是保护发电公司的健康发展。首先，越来越多的发电公司被央企（State-owned enterprises）并购，央企目前控制着超过 75% 的发电量，只有少数几个省份的发电公司由本地集团控股。其次，国有企业在发电领域的集中度远远高于其在整体经济中的比例。因此，相对于发电厂，大型电力消费方在地方政府和私营企业中拥有更大的话语权。

在工业设施所在地建立的与电网相连的自备电厂，是另一个被扭曲的激励措施案例。对于用户而言，这些自备电厂的电价经济实惠。因此，自备电厂的数量在某些工业密集的省份激增。自备电厂不像普通发电站那样参与调度，这降低了它们的灵活性，并给可再生能源整合上网带来障碍，这将在第 6.4 节中进一步讨论。

地方政府对其他发电资源普遍持欢迎态度，其中风能和太阳能是主要发电类型。然而，总的来说，由于就业和财政原因，人们对可再生能源的热情要低于对煤炭的热情。虽然可再生能源也为建筑业和制造业提供了就业机会，但煤炭开采和燃煤发电企业可提供更为长期的就业机会。因此，加大对大型可再生能源设备制造企业的投资，可显著提高地方政府对可再生能源的兴趣。

6.3.3 电网公司的激励措施

中国主要由两家大型国有电网公司（国家电网和南方电网）向用户提供电力服务，这两家电网公司都拥有省级和地方级子公司，大部分的电力结算发生在这些子公司。在当前的电价体系下，电网公司的收入只是政府设定的零售价和发电价之间的差额。因此，电网公司卖得越多，赚的钱就越多，这意味着它们更青睐平均电价较低的能源。这与自然垄断行业的典型经济性规制形成鲜明对比，例如输电和配电公司会侧重于收回成本，并获取可接受的利润。

中国的电力调度也不同于典型的电力市场，后者优先考虑边际成本低的发电系统（其中风能和太阳能发电系统具有天然优势，因为它们不需要燃料），从而确保有足够的收入用于长期投资。然而，基于差额电价，中国的电网公司将更青睐于平均成本较低的电厂，而不是边际成本较低的电厂。在这种情况下，风能、太阳能发电，与煤炭发电相比，处于劣势。虽然可再生能源发电的弃电率较高，在某些地区高达40%，可法律依然要求电网公司尽可能接受所有可再生能源，但其实施力度却很弱，没有任何电网公司愿意为弃电买单。

目前，为应对东部重点地区的空气污染问题，能源部门优先考虑关闭东部地区负荷中心附近的燃煤电厂，并在西部和北部省份的煤矿附近建设燃煤电厂。拥有跨省输电线路的电网公司是按单位输电量收取费用的，其价格由政府制定，因此输电线路利用率越高，电网公司的收入就越大。由于可再生能源发电的间歇性和区域调度的不灵活性（数月至数年），仅用于传输可再生能源的线路利用率可能较低。

从工作流程和评估的角度来看，电网公司或许更支持煤电而不是其替代品。煤炭发电可以提前几个月进行规划，这不仅简化了程序，还有助于电网公司完成政府发电计划。而风能、太阳能发电和水力发电具有必须在更短时间内管理的不确定性，以及需要付出更大的努力来维持电网的可靠性等特点。目前的改革要求行业建立基于边际成本的短期“现货”市场，但政府需充分认识到，这将极大地改变现行电网公司的激励措施，因为电网公司为了避免巨大的不确定性，可能宁愿选择推迟发电。

6.4 重新改造煤炭发电

中国拥有超过1000GW的燃煤发电容量，其中大部分需要进行有效的重新利用，在未来发挥桥梁作用。燃煤电厂的运行限制了电力输出。对于10年前的系统来说，灵活性并不那么重要，因为那时的设计主要用于满足相对平稳的负荷曲线，且几乎不存在间歇性可再生能源发电。但现在，煤炭作为桥梁必须发挥平衡作用，这在很大程度上取决于技术和补偿机制。正在进行的市场改革正朝着这个方向发展，但一些技术开发项目仍低估了煤炭的桥梁作用。在商业规模上具有成本效益的碳捕获、利用和封存技术，是一种虽具有高度不确定性但能够改变游戏规则的先进技术，但目前该技术仍处于起步阶段。

6.4.1 灵活运营的工程挑战

20世纪90年代以来，中国逐步引进先进的燃煤电厂技术，该技术建立在超临界锅炉技术基础上，它可以在高温和高压下运行。不久之后，中央研发计划开始实施，目的是让该技术“本土化”。三家中国设备制造商被安排与国外几家公司共同创立战略合资企业，并签订许可协议。此后10年内，中国安装了第一个国产超临界电厂。

至关重要的是，超临界技术和随后的超超临界技术计划主要围绕峰值性能效率这一目标进行开发，它假定了电站按预期以高峰且稳定的水平（即“基本负荷”）运行时，其机组需达到的温度和压力。除峰值效率和国内制造能力外，在“十二五”规划中，煤电技术的应用范围大幅扩大，污染控制技术被纳入规划。

由于供暖很重要，普遍的调度原则是“以热定电”。热电联产电厂不受新建燃煤电厂许可方面的大多数限制，这使得一些电厂就近寻找小规模供热需求，以证明其扩建是合理的。这种低效的煤电扩张最终导致对新热电联产电厂的严格限制。

处于降碳系统中的燃煤电厂的发电量将更加频繁地波动，这意味着这些燃煤电厂每年在峰值以下运行的时间更少。这会产生一系列的影响，而所有的这些影响都必须在以煤电为桥梁的架构中得到解决：

首先，在价格不变的情况下，燃煤电厂高昂的成本意味着那些利用率低的电厂将面临无法收回成本的风险。电厂的平均成本会随着可再生能源渗透率的提高而下降，尽管现货市场的价格波动可能会增加，但整体利润不一定会下降。

其次，燃煤电厂的运营方式往往过于保守。最低稳定发电量——从技术上讲，是生产成本上升的阈值，但在实践中，它在很大程度上导致可再生能源应用的减少。一项研究表明，一些中国电厂在技术上能够以低产电量运行——低于 50% 左右，甚至可能低于 20%——从而为可再生能源提供更多的应用空间。中国的燃煤电厂只是偶尔关停，从技术和经济角度来看，这是合理的。尽管大量的技术文献表明电厂在 24 小时内循环是可行的，可一旦启动，中国的燃煤电厂就会保持长时间运行。

最后，燃煤电厂的效率在低发电量状态运行时会下降，从而失去使用新技术应获得的一些收益。发电量在大约 80% 以下时，超临界电厂将恢复到效率较低的亚临界模式。因此，容量为 1000 兆瓦的超超临界电厂发电 500 兆瓦，可能比容量为 600 兆瓦的亚临界电厂发同样多的电消耗更多的煤炭。2013 年，只有不到 20% 的电厂在高于 80% 的阈值下运行，由于产能下降，这一统计数据可能会持续走低。低负荷运行也使一些污染物控制技术难以满足空气质量标准。

由于天然气发电较低的碳强度和较高的运行灵活性，在中国和其他国家，常被视为通往低碳电网的潜在桥梁。天然气的高价格，很可能会抑制它在电力行业的供应和消费，目前，政府正对此进行改革。然而，天然气还是无法取代煤炭在中国的重要地位。原因有以下三点：第一，虽然中国天然气的消费量在增长，但只有15%左右用于发电。第二，中国严重依赖管道进口和昂贵的液化天然气，2017年，液化天然气占中国天然气总量的39%，自那以后的几年里，该占比迅速飙升。第三，政府大力推动“煤改气”，旨在解决空气污染问题。

6.4.2 灵活运营的经济性

在固定的平均电价下，燃煤电厂并没有主动提高自身灵活性的动力。因为电厂无论是在可再生能源供应充足，还是不足的情况下，收入都是相同的。在调度期间，测试燃煤电厂的灵活性对电网公司没有益处。相比之下，减少使用可再生能源更容易实施，而且不会产生直接的经济成本，因为减少使用可再生能源不会产生损失。

在以成本为基础的标准电力“现货”市场中，灵活性问题自然能得到解决，在这种市场中，电厂将根据最小的运行边际成本进行优化生产。当可再生能源充足或用电需求低时，需要的燃料发电机组便会减少。当可再生能源稀缺或用电需求高时，就需要更多的燃料发电，从而提高边际价格，鼓励启动和升级更多的机组以满足需求。至关重要的是，如果电力调度是基于平均成本，市场信号就无法发挥作用。平均成本是目前中国市场的首选定价方法，它的作用可能与边际成本一致，也可能不一致。

虽然中国尚未实施随时间而变化的灵活定价机制，但实际上，中国的电网也有替代方案。目前，电网会为发电机组提供中国独有的“调峰”辅助服务，这与电力系统中更传统的辅助服务（储备、频率调节等）截然不同。如果发电机组被要求降低其最小输出，或在接到通知后立即关闭，峰值调节会对其进行补偿。

以市场为基础的新高峰调控机制正在全国范围内实施，这些措施改善了可再生能源的整合，但其成本高且效率低。监管机构通过行政手段设定发电量下限和价格上限，以控制市场规模。然而，补偿远远超出了提供“峰值调节”可能产生的直接成本。

冬季最低发电量较高的热电联产正逐渐被纳入新的调度规则中，例如通过参与峰值市场而被纳入。热电联产面临的挑战是，区域供暖价格，通常不反映成本。因此，当热电联产发电机组产生的热量被亏本出售时，在给定的发电量水平上，它们将更难维持盈利。

6.4.3　改进和市场：一个不确定的未来

燃煤电厂技术可以在三个阶段提高灵活性：研发阶段、项目设计阶段和施工后改造阶段。中国虽然已确定了其高达1000MW的超超临界机组的设计，但同时，中国还在进行下一代燃煤电厂的研发，即进阶版超超临界，或简称为“700℃”，该名称来自其理想的峰值温度。与以往的项目相比，该项目更显示出中国的雄心，中国试图在全球所有地区都还未商业化运作的技术上取得进展。尽管电力行业发生了巨大变化，但这些变化都未明确考虑经济效益，例如更灵活地整合可再生能源的运营。

中国设备制造商在选择技术方面受限，只能选择来自特定国际合作伙伴并符合特定标准的技术，这些设计标准在10多年前，已由政府的官员制定。中国企业虽具备制造能力，但仍要依赖进口设计软件、高温材料和特种钢材。

改造现有电厂以提高其灵活性和效率在世界各地不同的电力系统中普遍存在。中国已启动了多种技术改造试点项目，其目标是在“十三五”期间，实现220GW发电量的灵活性改造。中国已成功将最低发电量从50%降低至30%，这一成果显示出电厂改造项目的巨大技术潜力。

6.4.4 碳捕获、利用和封存

以中国为重点的建模研究强调了碳捕获、利用和封存，会对2030年后的电力行业和工业减排做出重要贡献。这些分析在很大程度上只是推测，因为碳捕获、利用和封存项目的数量迄今为止是有限的，且其成本高昂。全球有18个类似项目，每年捕获的二氧化碳超过40万吨，但其中大多数是为了提高石油采收率，并不涉及专门的地质储存。

中国已存在一个在运营的示范项目，还有几个正处于规划阶段的项目。这些项目大多利用捕获的二氧化碳来提高石油的采收率，通过增加石油产量使之具有成本效益，但这些项目的规模是有限的，且表现好坏取决于地点。研究表明，中国有潜力实施这种低成本捕获和储存二氧化碳的项目，但中国需要投入高昂的成本。需要注意的是，成本会因捕获过程的不同而有所不同，尤其被捕获的二氧化碳本身是高浓度的，还是较稀薄的，对成本核算会产生影响。此外，永久储存二氧化碳的地质机制也存在不确定性。

6.5 挑战的另一面

在中国每年消耗的近40亿吨煤炭中，大约有54%用于电力和区域供暖以外的行业。这些行业对煤炭的直接使用大部分是与能源相关的（即与燃烧相关），并在使用过程中排放大量二氧化碳，其二氧化碳排放量占中国二氧化碳排放总量的42%。作为最大的电力消费行业，工业也间接造成了大量二氧化碳的排放。

6.5.1 煤炭直接使用概况

能源密集型经济活动和城市化对煤炭密集型产品和服务的需求，与对煤炭整体使用需求背后的驱动因素别无二致。然而，与发电相比，直接使用煤炭的工业产品和服务更加多样化，并受地域限制。其中包括钢铁、水泥和化学生产以及家庭取暖等。

中国工业生产高度依赖煤炭而不是清洁能源。要减轻工业生产对环境的影响，通常需要在更大的生产规模上采用更有效的现有技术，并强调使用其他燃料和原料替代煤炭的重要性。

降低产能过剩及其对市场的影响，是中央重要的政策目标之一，与提升行业效率是一致的。

效率升级方案因行业和产品而异。例如，在水泥行业，技术方案主要围绕燃烧过程而展开，如利用高温有效地焚烧生活垃圾，以及引入更好的煤炭燃烧技术。而在钢铁行业，技术方案主要包括增加废钢的再利用，以及回收再利用冷却过程中释放的热量。

然而，能源密集型行业真正的降碳途径将需要结合生物燃料、电气化以及可能的碳捕获和封存技术替换掉主要的化石原料。这些不同的技术方案均表明，需避免对旧工厂和技术效率改进的过度投资，因为这会造成不必要的搁置成本。目前大量的新产能正在投入使用，正处于煤炭密集型流程的效率改造前沿，将难以被提前淘汰，因此可能成为中期技术升级的障碍。与燃煤发电相比，这些旧的改造技术并没有现成的额外市场来支撑未来足够的需求。

据官方统计，2015 年，北方地区使用煤炭为主要供暖方式的家庭，共消耗 9300 万吨煤炭。然而，这种小规模消费的特点，使统计核算变得困难，再加上不少小型矿山长期未经批准经营，核算更是难上加难。因此有说法认为，该数字其实高达 2 亿吨。相对于城市人口，农村地区人口使用的煤炭要多得多。

目前，中国正在努力为大城市周边的农村地区提供更清洁的供暖方案，包括电气化和增加天然气供应。由于空气污染问题的紧迫性以及维持长期降碳选择的重要性，这些方案必须继续下去。

6.5.2 钢铁行业

除电力和供热行业外，钢铁是中国最大的煤炭消耗方。中国的钢铁产量目前占世界产量的 50%，其中 87% 用于国内消费。中国钢铁行业的能耗强度也明显高于其他主要钢铁生产国。这主要是中国采用了煤炭密集型工艺且该行业内的效率较低的缘故。

钢铁行业主要使用两大生产工艺——高炉—碱性氧气转炉（Blast Furnace–Basic Oxygen Furnace，BF–BOF）、电弧炉（Electric Arc Furnace，EAF）。这两大生产工艺不能直接互换，因为它们采用了不同的工艺路径。在高炉—碱性氧气转炉工艺中，铁矿石和焦炭（经过处理已去除杂质的煤）首先在高炉的高温下，转化为更纯净的液态铁（或"铁水"），然后通过燃烧煤炭或其他燃料来加热。在碱性氧气炉中，通过向铁水吹氧将热金属变成钢。高达 30% 的 BOF 原料可来自回收钢或"废钢"。

电弧炉工艺则是直接使用电力将已经加工过的铁制成钢——这些预加工过的铁可以是废钢或者是被净化过的铁水，比如通过一种基于天然气的工艺生产直接还原铁（Direct Reduced Iron，DRI）。通过使用预处理的铁（而不是铁矿石），并以电力代替煤炭作为主要能源，电弧炉所需的能源比高炉—碱性氧气转炉少 2~3 倍。当电弧炉使用废钢时，可以获得更高的效率，然而，可再利用的废钢数量有限，且成本与高炉—碱性氧气转炉使用的原料相比更加昂贵。

中国 90% 以上的钢铁生产来自于高炉—碱性氧气转炉，这一比例在过去 30 年中一直在稳步上升。此外，钢厂的效率差异很大。因此，缩小高炉转炉工艺中的效率差距是该行业的重点政策，具体措施通常涉及从焦炭生产到炼钢工艺的各个阶段的热量回收和再利用。“十三五”计划实现这一目标的主要手段之一是提高行业规模和集中度，计划到2020年，中国10家最大的制钢企业生产钢铁量占到总产量的60%，行业的总产能减少到10亿吨。

电弧炉工艺及其不断下降的市场份额在行业计划中几乎没有受到官方的重视。一份政府文件解释说，由于作为电弧炉原料的废钢产量低而使用电弧炉的电力成本高，其发展在中国受到限制。然而，从中期来看，废钢的报废总量是不确定的。据一些政府和行业消息人士指出，中国可能在15年内出现废钢过剩的情况。此外，煤价低迷和碳定价缺失也很有可能会抑制电弧炉生产。如2016年底，煤炭价格几乎翻了一番，当时钢厂纷纷将原料从原生铁矿石换成了废钢，致使废钢需求大幅增加，价格上涨约20%。

电弧炉的经济可行性和碳减排效益取决于电力行业结构及其释放的电价信号。整体发电组合结构决定电力消耗带来的间接二氧化碳排放量。如果2020年10亿吨钢铁产能的目标全部通过电弧炉来实现（假设平均每吨480千瓦时），则可用于响应需求的潜在负荷可能超过70 GW。

6.6 本章小结

中国在降碳方面所面临的最为艰巨的挑战，是改变那些支持煤炭持续使用的制度和技术。而这些制度和技术深深植根于中国的经济增长战略中，并已成为中央和地方政府不可或缺的组成部分。要达到极低的温室气体排放水平，工业、交通和供暖等行业需进行大规模的电气化改造，同时用低碳替代品取代大部分的煤炭。为实现这一目标，需要对以煤炭为主的基础设施进行有效改造，使其转变为通往高效、电气化和灵活的能源经济的“桥梁”。

6.6.1 技术建议

6.6.1.1 使用更高效终端技术和延长建筑物寿命，减少建筑物中直接或间接的煤炭使用

在中国消耗的所有能源中，大约有12%消耗在建筑行业所使用的材料中，其中占比最大的是钢铁和水泥——约23%的钢铁总产量和61%的水泥总产量用于建筑行业。此外，有分析指出，21%的城市住宅处于空置状态，房地产市场的投机行为，在一定程度上给未来建筑面积的增长带来了很大的不确定性。

旧建筑快速拆除行动对长期提升能源效率大有裨益——例如减少电力和供暖。自2000年以来，城市地区住宅的能源强度（每单位面积）相对平稳，而商业建筑的能源强度自2012年以来略有下降。确保新建住宅使用最佳的能源效率技术，并拥有较长使用寿命对于减少煤炭的使用至关重要。

6.6.1.2 扩大碳捕获、利用和封存技术的研究并增加示范项目，将其作为加速转型的潜在选择

目前，中国将碳捕获、利用和封存作为未来的技术选择之一，并辅以相应的激励措施，但出于对能源安全、成本等方面的担忧，中国并不一定会对该技术进行大规模部署。该技术的研发在其他国家并未有所突破。事实上，近年来，经合组织对该技术的研发力度一直在下降。鉴于该技术在大多数1.5℃/2℃的气候变化场景下，是作为“支撑”技术而

存在，因而需要来自全球范围的大量投资，用于该技术的各个阶段。

中国有可能在对整个碳捕获、利用和封存技术产业链进行全面的立项研发方面处于领先地位。首先，中国的能源行业是一个垂直整合的行业，这让中国能源投资公司有能力开展涵盖各个阶段的研究和试点。其次，由于煤炭密集型工业产生的二氧化碳纯度更高，因此碳捕获成本会降低，中国的二氧化碳减排成本可能低于其他主要从稀薄的发电废气中捕获二氧化碳的国家。最后，中国可能比大多数国家更需要这种技术支持，因为在中短期内，中国有效扩大天然气使用规模的能力有限。上述原因可能会使中国在碳捕获技术的早期开拓方面处于领先地位，并有潜力在未来进行技术出口。

6.6.2　经济和政治体制建设建议

6.6.2.1　从现货市场和其他有偿电力服务中为传统发电提供新的收入来源

由于政府规划和长期调度方法的持续作用，电力的定价目前存在一系列效率低下的问题。直到最近，煤炭发电企业几乎所有收入都是按固定价格获得的，其获得的电力分配是基于“平等分配”原则，而非效率原则。这种设计体系与其他国家采用的典型电力市场体系截然不同，中国没有提供有效的激励措施来降低短期运营成本。或煤炭发电企业因没有看到市场所带来的好处，自然会反对任何改变，也不会在平衡间歇性资源的过程中扮演转换角色。

具有足够位置和时间间隔度（理想情况下，分别为低于省级和间隔为每小时或小于每小时）的能源现货市场，为容纳多种能源形式、激励发电企业提供更大灵活性措施奠定了一个可被广泛接受的基础。辅助服务，如储能，是降碳系统的第二收入来源。在中国，通常情况下，辅助服务得不到补偿或补偿水平非常低，但也有例外：具有能源市场的某些典型特征的非标准“峰值市场”，“峰值市场”将目前平均电价的调度做法和有限或非标准的辅助服务转变为对这两类市场进行补偿，这将为燃煤电厂带来新的利润机会，即便中国的低碳能源占比有所增加。这些做法将有助于缓解中国以煤炭为基础的体系在经济和政治方面面临的各种挑战，比如维持金融系统稳定性和保持就业水平。

6.6.2.2 改革区域集中供热价格和行业监管，以提高效率和引进新技术

供暖价格得到大量补贴，并以每个区域的固定费率为主。在这样的定价方式下，即使安装了先进的恒温器，用户也没有动力去节能或提高热能的使用效率。在供应方面，由于供暖成本回收不足，供应商也没有动力为能够提高效率和灵活性的新技术进行投资。

中国早在 2003 年就开始尝试对供暖定价进行改革，计划根据用户实际的热能使用情况进行准确的计量和收费，目前已经在一些地区开始试点，尝试推进。确保充足的供应定价也可以鼓励供应商更大幅度地降低生产热量的成本，特别是可以通过优化对热泵和蓄热等新技术的投资和运营来实现。这些价格信号是上述针对热电联产电厂进行电价改革的重要补充组成部分，而热电联产电厂的灵活性较低这一因素，是扩大可再生能源规模的主要障碍。

6.6.2.3 消除促使地方政府继续使用传统煤炭的财政和政治激励措施

根据政府的政策，不同形式的能源发电给地方政府带来的财政收入

会有显著差异，例如可再生能源电站会降低当地原本由煤电提供的那部分税收。同时，地方政府也有支持持续建设煤炭产能的动因，例如，实现投资增长目标和保持上游采矿业就业的承诺。这在一定程度上是由国内生产总值和其他宏观经济指标推动的，而这些指标是官方衡量执政能力水平的重要标准。

政府可在减少对地方财政影响的情况下，为可再生能源提供激励措施，例如为所有发电方式设定一致的地方税率，此举还能减轻中央税收负担。

6.6.2.4 为电网公司建立统一的输配电定价机制，消除对新能源的偏见，促进最低成本交易规划的制定

当前的电网公司定价、收入模式可能导致区域内和区域间的调度效率低下——因为电网收入是基于平均销售价格和购买价格之间的差异——而电价由输电量来确定，这种情况会让电网公司偏向使用和扩展更贵的输电网络。同时，这样的收入体系也与全系统高效调度渐行渐远，因为它缺乏将市场价格信号进行有效传导的机制。

将电网收入体系改造为传统基于服务成本定价与可选的绩效激励措施相结合的形式，可确保电网公司尊重市场规律并保持中立，为可再生能源建设提供可灵活运营的输电线路。

6.6.3 社会经济影响与缺失政策的讨论

本节所涉及的部分政策，已开始初步实施。然而，困难依然存在，激烈的政策讨论也仍在进行中。相比之下，在有关气候和中国煤炭未来的讨论中，有少数几个关键话题不常被提及，在此，我们将着重对其进行讨论。

6.6.3.1 制定引入电力市场过程中搁置成本的转型计划

尽管在电力领域引入市场机制有很大前景，但对其转型期间有可能发生的各种情况的高层指导相对较少。在这种情况下，地方倾向于采用熟悉的年度承包方式，在没有为额外服务提供足够收入的情况下，挤压发电厂商的利益，并回避对转型成本进行补偿的问题。

理想情况下，转型计划应明确保证，在传统系统下建造的发电厂如果转型，可收回一些搁置成本。拿煤炭发电来说，转型计划应该是透明的，有时间限制、可预测的，并且独立于市场的。转型计划还应避免采用临时措施。然而，中国已采用了许多类似的做法，例如发电权交易，它们会影响市场行为，应审慎使用。

6.6.3.2 解决具有不同发电与产业组合的省份之间的资源分配问题

众所周知，更大的市场会带来更高的整体效率，但同时也会让部分参与者处于劣势。分配影响可能在那些结构差异较大的省份间最为明显。鉴于地方政府需要接受新的市场机制，这些分配影响是重新利用投资和创建区域市场的最大障碍之一。目前的政策还未充分解决这一问题。

市场体系引入过程中，存在各种补偿损失的机制。例如，市场可根据一组投标或经审计的成本进行清算和调度，并且在清算过程中，可根据各省份之间电力流转的变化，进行额外交易。税收和其他地方福利也可进行类似的部分转换。无论采用何种方法，它都应该保持高效的跨区域调度。

6.6.3.3 建立标准，扩大对社会福利和失业救济的资助

虽然一些政策提到了对煤炭相关行业的失业工人的安置问题，但目

前并没有一套明确的标准和支付方式可供工人依靠，地方政府也没有得到来自政府的明确指示。面对公众对安置计划可能不满的不确定情况，保守的地方政府可能会选择推迟向新能源转型。

考虑到企业和省份之间存在的诸多差异，放之全国皆准的单一标准不大可能解决这一问题。相反，它需要一套详细的条件设定体系和新的监管机构进行监督。监管机制的细节，以及资金的来源和规模，可成为政策工作小组的重点议题。以上这些举措，可为因产业自动化而失去工作的工人提供补偿援助，而产业自动化是目前影响煤炭开采行业的大趋势。

6.6.3.4 研究和解决煤电和产业转移公平性

在富裕的东部地区，减少空气污染的主要策略是淘汰附近的燃煤电厂和使用煤炭的工业设施，并在中国中部和西部地区新建电厂。一些社会效益指标显示，这些投资总体上看是有利的，但它们仍然造成了主要基础设施被锁定和棘手的权益问题，因为新建电厂周围的居民从增加的环境成本中几乎未获得收益。从长远来看，这些导致社区之间差异越来越大的政策既不公平，也不可持续。

一个更为全面的解决方案应包括以下几点内容：首先，加强气候变化和环境保护优先事项之间的深度协调，使大气污染防治政策不会与减少二氧化碳排放的政策相抵触，或加剧二氧化碳排放。新成立的生态环境部承担了这两项职责，但评估其协调效果如何还为时过早。其次，应进行严格的人口加权成本效益分析，以评估总体福利和特定人口福利的变化。最后，在项目开展时，受益省份应给予承担项目搬迁所在地的社区适当补偿。

第 7 章　中国减少空气污染和碳排放的协同战略

彭暐　茆智敏

7.1　概述

过去几十年，中国经济快速增长离不开对能源尤其是煤炭的消耗。这种煤炭密集型经济发展道路，不仅使中国成为全球最大的碳排放国，也导致空气质量恶化和严重的公共卫生风险。不过，中国政府已为此采取了一定措施，例如为缓解近年来日益严重的雾霾污染问题，中国政府出台了空气污染防治行动计划。自 2013 年以来，将空气质量提高到健康水平，一直是中国各级政府的优先议题。

对煤炭的严重依赖是空气污染物和二氧化碳排放的主要原因。为解决空气污染问题，中国政府出台了遏制煤炭消费、提高能源效率、鼓励对天然气和可再生能源进行投资等一系列政策措施。这些措施旨在降低煤炭使用量，同时减少空气污染物和二氧化碳的相关排放。此外，随着公众对空气污染的负面影响有了更为深入的了解，对环境问题的认知不断提高，越来越多的人要求政府采取更多行动来处理环境问题，努力遏制气候变化的负面影响。

虽然一些能够在短期内减少局部空气污染的策略，可同时对应对全球气候变化带来长期利益，但应对空气污染的减排措施并不总是与深度降碳的目标相一致。例如，在燃煤电厂安装脱硫洗涤塔，虽然可减少空气污染物排放，但并不能减少碳排放量。

因此，要为长期降碳奠定基础，决策者必须了解这两个目标之间的潜在协同作用，并进行取舍。在做大部分决策时，要做好权衡——是以短期内改善空气质量和保护人类健康为首要目标，还是以实现深度降碳以应对气候变化为首要目标。

7.2 背景

7.2.1 中国大气污染与碳减排工作综述

中国一些城市的空气污染严重，对居民健康造成了不良影响。尽管中国城市的年平均空气污染水平在过去 10 年中持续改善，但中国北方和东部城市的污染仍较为严重，尤其是在冬季。根据中国环境保护部的数据，2015 年，中国只有 21.6% 的地级以上城市达到了国家环境空气质量标准。

由于空气污染危害巨大，中国也在倾举国之力解决这一问题。在国家层面上，国务院于 2013 年 9 月发布了《大气污染防治行动计划》，该计划明确了 2017 年国家减排目标，以及对重点城市区域更为严格的减排目标。2018 年 6 月，国务院发布了《打赢蓝天保卫战三年行动计划》，制定了 2020 年的行动目标，其中最引人注目的是：到 2020 年，将二氧化硫（SO_2）和氮氧化物（NO_x）的排放量相较 2015 年降低至少 15%。此外，未达到现有 PM2.5 检测标准的城市，需将其 PM2.5 浓度相较

2015 年降低至少 18%。

2014 年，中国政府对《中华人民共和国环境保护法》进行了 25 年来的第一次修正。修正后的法案允许符合条件的非政府组织对污染者提起诉讼。政府加强了执法力度，包括取消罚款限制。此外，政府还要求 15000 家企业公布其实时大气污染物排放数据。

在碳减排方面，2014 年，中美签署了遏制温室气体排放的历史性协议，中国承诺到 2030 年实现碳达峰。在“国家自主贡献”中，中国也承诺到 2030 年实现碳达峰，单位国内生产总值二氧化碳排放相较于 2005 年需下降 60%~65%，非化石燃料占一次能源消费比重提高到 20% 左右。

2020 年，中国设定了到 2060 年实现碳中和的目标。过去几十年，中国对低碳能源尤其是风能和太阳能的投资显著增加，成为全球最大的清洁能源投资国。迄今为止，中国一直依靠一系列政策工具来解决碳排放问题，但主要依赖于国家的直接干预，如制定相关的能效目标。中国还于 2017 年底启动了全国碳排放交易计划，推进以市场为基础的温室气体减排方法。最初的试运行只集中在电力行业，预计在 2020 年左右将其扩展到其他行业。虽然目前温室气体减排目标的行业覆盖范围和规模并不大，但逐步建立监测、报告和核查体系的过程，对中国至关重要。

7.2.2 中国大气污染与气候问题的治理结构

直至 2018 年初，传统的空气污染管控和碳减排由两家截然不同的监管机构负责：空气污染管控主要由环境保护部（MEP）负责，而气候变化则由国家发展和改革委员会（NDRC）负责。2018 年 3 月，全国人大通过了组建新生态环境部（MEE）的方案。生态环境部承担了原环境保护部的大部分职责以及原国家发改委的气候变化政策的制定工作。这种将空气污染和碳减排问题纳入同一监管机构的做法，为今后加强政策协调，更好解决空气污染和碳减排问题创造了新的契机。

中国的大气污染减排政策框架已嵌入中国特有的治理体系之中，五年规划、国家法律法规和政治协议共同决定了环境政策的方向。新生态环境部成立前，国家发改委和环境保护部作为国务院下属的两个部委，共同承担国家和地方各级大气污染防治工作。在规划层面，国家发改委牵头开展大气污染防治工作，环境保护部重点关注大气污染减排。在实施层面，国家发改委下达了有关国家大气污染防治战略的任务。

中国的碳减排政策框架遵循类似自上而下的体系。在生态环境部成立之前，国家发改委在制定国家能源发展战略和应对气候变化政策方面发挥了关键作用，负责温室气体核算，并领导中国制定国家碳交易计划。此外，国家能源局是国家发改委下属的一个独立机构，负责研究和起草对温室气体排放有直接影响的国家能源发展战略。

新生态环境部（MEE）的成立可能对中国的环境和气候治理产生重要影响。国务院提出了在这个新部门下整合环境和气候政策制定的计划草案。最值得注意的是，生态环境部不仅接手了此前由环境保护部承担的所有职责，包括大气污染控制法规，还承担了原由国家发改委管辖的气候变化和碳减排政策职责。尽管现在就下结论说空气污染和气候政策之间的协调问题会被妥善处理还为时过早，但这项改革正朝着正确的方向迈进。

数据收集和监控是需要改进的领域之一。此前，空气污染物和碳排放的数据收集和准备工作分别由环境保护部和国家统计局两个不同的实体进行。近年来，虽然环境保护部已对空气污染监测方式和相关数据的管控方式进行了改进，但管控效果仍不理想。新生态环境部为二氧化碳和其他标准的空气污染物提供在相同数据收集和处理框架下的监测，通过提高这些数据的质量，提高有效决策的可能性。

7.3 空气污染与碳减排战略的协同作用

中国政府越来越强调协调空气污染与碳减排这两个问题的重要性。将中国的空气污染和气候计划进行比较时，可发现在两个计划中包含的一些共同战略，例如在电力领域需要从使用煤炭转向使用更清洁的燃料。

然而，一些旨在控制空气污染的方法，对于应对气候变化并无助益。例如，实施管道末端控制，如在燃煤电厂安装脱硫洗涤塔，虽然可以显著减少空气污染物的排放，但并不能减少碳排放。先前的研究还表明，碳排放量甚至可能会增加，因为这些控制装置会降低发电厂的效率，从而增加每单位电力输出的碳排放量。

此外，一些策略，例如将煤炭转化为天然气，可能会减少直接燃烧煤炭造成的空气污染，但会以更高的全生命周期碳排放量为代价。

7.3.1 双赢政策示例

7.3.1.1 碳定价

对二氧化碳排放定价会增加碳密集型技术的成本，使低碳技术在经济上更具吸引力。由于许多低碳技术，如风能和太阳能不会对空气造成污染，因此碳定价可以促进燃料组合倾向此类更清洁的能源，从而带来空气质量优良和居民健康双重效益。之前的一项研究对使用碳定价助力中国在 2030 年实现碳达峰所带来的空气质量的提升和对健康的益处进行了量化分析。根据对健康影响的经济评估，该研究的作者发现，由改善空气质量驱动的健康效益，可部分或全部抵消与征收碳价相关的经济成本。在更高的碳减排目标下，受益规模将更大。为了建立碳定价的政策基础，中国于2017年12月正式启动全国碳限额与交易体系。虽然第一阶段的碳交易市场仅针对发电行业，但它标志着中国碳定价的第一步，并可能有助于短期局部空气质量的优化和长期碳减排目标的实现。

7.3.1.2 可再生能源政策

可再生电力的生产通常会令常规空气污染物和二氧化碳排放为零。鉴于中国正在向清洁能源转型，对可再生能源的持续投资可帮助中国同时减少空气污染物和碳排放。空气质量和气候效益的大小将受可并入电网的可再生能源数量，以及被取代的发电类型和位置影响。例如，为实现政府2030年400GW的光伏装机目标，一项研究表明，借助跨省输电，在中国东部地区部署分布式光伏可最大限度地减少潜在的二氧化碳排放量和与空气质量相关的健康效益。这种部署策略带来的最大好处是，它可以最大限度取代污染最严重的燃煤电厂，并最大限度减少对太阳能发电的限制。

7.3.1.3 能源效率措施

提高生产和需求部门的能源效率可降低能源需求以及相关的空气污染物和二氧化碳排放量。提高能源效率是中国大气污染防治行动计划的一部分。例如，在“十二五”期间，中国的目标是在2015年将单位工业能耗增加值在2010年的基础上降低21%。到2030年，在中国水泥行业实施具有成本效益的节能措施可减少17%的能源使用，使全国CO_2、PM、SO_2和NO_x排放总量分别减少5%、3%、15%和12%。对于钢铁行业，据估计，具有成本效益的能源效率措施可避免 22% 的能源使用，从而将全国 CO_2、PM、SO_2 和 NO_x 排放总量在 2030 年分别减少 22%、16%、19% 和 2%。

7.3.2 具有气候效益潜力的空气污染控制策略示例

7.3.2.1 合成天然气开发

从直接使用煤炭转向使用煤制天然气，是《大气污染防治行动计划》中的一项关键战略。除开发常规天然气资源外，中国目前还计划扩大其煤制天然气（SNG）的生产。到 2013 年，中国煤制天然气总产能为 371 亿立方米 / 年，另有 40 个煤制天然气项目正在拟建中（约 200 亿立方米 / 年）。规划的煤制天然气总产能超过了 2014 年中国天然气消费总量。这些煤制天然气项目可通过替代煤炭直接用于电力、工业和家庭，从而减少空气污染。

然而，除非应用碳捕获和储存技术，该类项目带来的空气质量改善将以牺牲气候变化效益为代价。2017 年的一项研究表明，到 2020 年，使用煤制天然气代替居民消费煤炭可以将全国与空气污染相关的总死亡人数减少 2%，但与使用传统天然气实现同样目的相比，排放的二氧化碳量会增多 20%~40%。由于煤制天然气的耗水量主要集中在生产过程，这也在一定程度上加剧了水资源短缺，对水资源相对稀缺的北方省份来说，是一个尤为重要的挑战。

7.3.2.2 交通和住宅电气化

中国目前已拥有全球最大的电动汽车市场，2016 年，其电动汽车销量占全球的 40% 以上。由于最近的政府政策鼓励使用电力来代替煤炭和汽油，因此电加热设备和电炉市场总量也在不断增长。这些终端使用部门电气化可减少汽油和柴油车辆的数量，以及用于住宅供暖和烹饪的固体燃料的排放。然而，电气化需要生产额外的电力。如果电气化由碳密集型和煤炭密集型电力提供能源，那么因生产额外电力而增加的二氧化碳排放量，在很大程度上抵消了终端使用部门通过电力取代化石燃料直接燃烧所实现的减排。

2018 年的一项研究表明，到 2030 年，如果交通部门实现 30% 的电气化，但电力来源依然是煤炭密集型资源（即 75% 的煤炭），将不会减少二氧化碳排放，尽管它会带来显著的空气质量改善。相比之下，如果中国迅速实现电力部门降碳，并最大限度实现终端使用部门的电气化，这些努力可能会使中国的碳排放显著减少，并在 2030 年之前达到碳排放峰值，同时减少空气污染物的排放。

7.4 长期降碳的基础

虽然解决空气污染的紧迫性可能会在减少碳排放方面带来一些好处，但它并不一定有助于长期降碳，原因有以下几点：首先，正如我们在第 7.3 节中详细讨论的，许多空气污染控制策略并不总是与碳减排目标一致。其次，随着低成本机会的耗尽，产生共同效益的机会随着时间的推移而减少。尽管减少煤炭的使用可解决这两个问题，但随着越来越多的煤炭从能源系统中移除，取代煤炭的边际成本可能会增加。减少煤炭使用的不同选择（例如使用更高效的煤炭利用系统取代低效的煤炭利用系统）与经济成本相关。虽然通过低成本的共同控制方案可能实现中等水平的降碳，但如果不转向成本更高的方案（例如大幅增加可再生能源的渗透率），则不太可能实现深度降碳，这可能会对经济产生重大影响。

此外，鉴于政府高度重视空气污染问题，未来 10 年，中国的空气质量可能会有显著改善。这种改善对于保护人类健康至关重要。

解决空气污染的措施可为长期降碳奠定基础，但这些措施应有助于低碳能源体制建设和技术投资。例如，2015 年 3 月，中国政府发布了《关于进一步深化电力体制改革的若干意见》，旨在让市场力量在电力部门资源配置中发挥决定性作用，并呼吁采取有效且市场化的电价、交易机制。虽然这份文件提出的原则需要转化为可行且设计合理的政策，但以市场为导向的发电、输电和配电工作，可以为鼓励使用清洁电力，以及减少电力部门的二氧化碳和空气污染物排放提供机会。

对于发电而言，转型优先考虑使用低边际成本、低空气污染物排放和低二氧化碳排放的清洁发电资源作为评估绩效的调度规则。中国目前的调度规则旨在保证火力发电厂 1 年内的运行时间，以补偿其资本投入和燃料成本。这样的调度系统不能实时反映电力生产的边际成本，而且在可再生能源发电方面的灵活性有限。由于风能和太阳能等低碳电力不需要燃料投入，因此其边际成本接近于零，通过发电定价改革和鼓励可再生能源并网及减少弃电，可为减少空气污染和减少碳排放带来共同效益。

在输电和配电方面，为电网公司整合可再生能源和支持需求侧管理提供补贴，会有利于解决空气污染问题和实现气候目标。目前，从经济效益角度来看，电网公司整合可再生能源的动力有限。尽管《可再生能源法》要求电网公司购买可再生电力，但实际上，这一规定在现实中并未得到严格执行。要求电网公司承担部分可再生能源削减成本的分摊机制，可能会激励他们采取一定措施整合可再生能源。此外，正在进行的电力行业改革，可能会使需求侧管理得到加强，提高能源效率，并减少能源产能以及相关的空气污染物和二氧化碳排放量。

7.5 本章小结

对空气质量的担忧只是中国深度降碳道路上的一个方面。在短期内，应对空气污染的措施可能会带来一些碳减排的协同效应。继续努力提高能源效率、抑制煤炭消耗、投资新的可再生能源、减少可再生能源弃电，将有助于实现空气质量改善目标和降碳目标。

然而，要为长期降碳奠定基础，利用这些近期的空气污染问题来激励气候友好型投资和制定相关政策至关重要。例如，充分电气化以及能源方面脱离化石燃料的使用，可减少空气污染物的排放。然而，中国必须同时为电力行业进行降碳，以便在为终端使用部门提供动力的同时，避免产生额外的电力消耗和二氧化碳排放。强调与近期空气质量的协同效益也有助于部署负碳技术，例如使用具有碳捕获和储存能力的生物能源，这种技术可减少空气污染，从长远来看，有助于负碳排放。

进一步加强中国空气污染减排与碳减排政策框架之间的协同作用至关重要。生态环境部的成立为简化这两个问题提供了契机。中国政府依靠直接管制政策，即宏观调控来减少空气污染，但这并不会对气候改善有所帮助。与此相反，旨在提高能源和经济效率的以市场为导向的激励政策才可能有助于提高各方的分配机制效率，加速低碳发电的发展。

第 8 章　结论

亨利·李　丹尼尔·P. 施拉格

如果全世界都要减缓气候变化的速度，中国作为世界上最大的碳排放国，必须发挥重要作用。气候科学告诉我们，为防止灾难性后果发生，世界最终不得不将温室气体的净排放量减少到零。在未来几十年内，碳排放水平的降低将是世界历史上前所未有的。蒸汽机发明后，煤炭用了将近 75 年的时间，才超越木材成为欧洲和美国的主要能源。对于像中国这样严重依赖煤炭且拥有庞大制造业基础和快速城镇化的国家而言，摆脱化石燃料的转型将非常具有挑战性。

中国已承诺到 2030 年实现碳达峰，将非化石燃料能源比例提高到 20%，到 2060 年实现碳中和。本书的各章节探讨了中国在 2030 年前采取的行动将如何为 2030 年后完成更深度的降碳任务奠定基础。本书还列举了一系列政策举措，这些举措将为中国在未来实现更大程度的碳减排奠定基础。

本书的作者团队认为，如果中国要实现碳中和，就必须着手进行三大经济转型。

首先，大部分经济体系均需实现电气化。除生物燃料和某些用途的氢外，所有迈向低碳能源系统的技术转型都是以电力为基础。现在以汽油和柴油为燃料的客运，未来很可能将由电力驱动；家庭供暖将从以化石燃料为基础的系统迁移到高效率的电热泵系统。钢铁、水泥和其他工业制造行业的降碳仍然是一个挑战，但可能会在后续过程中逐步得以实现。

其次，如果要取代目前发电系统中的大部分煤电产能，中国需加强可再生能源和核电的作用。由于风能和太阳能发电都是间歇性的，因此，未来中国电力系统在没有阳光或没有风的情况下，还是要依赖能供电的替代发电系统，特别是在长时间没有阳光或风的时候。

最后，随着中国从以重工业为主的经济转向更加依赖服务业的经济转型，其电力负荷的性质将发生变化。满足基本负载功率将变得不那么重要，反而是能够随负载调整的设备系统将变得更加重要。因此，正如作者在第 6 章中所述，在近期和中期，中国必须将燃煤电厂从被视为增加可再生能源投资的障碍转变为桥梁，重新利用其现有的煤电资产，为更多清洁能源的投资创造机会。核能是否能起到类似的作用还有待观察，考虑到该行业的发展状况，核能目前还很难通过可调度的方式，支持风能和太阳能的深度渗透。

中国要实现依靠非化石能源的电力系统提供能源，需要改革目前基于政府指挥和控制的监管体系和依靠市场激励方式引导电力系统。正如作者在第 2 章中所述，市场化改革在生产层面可引入多层次竞争，在消费者层面，更具灵活性的选择，且价格信号能够实时反映能源成本，从而使消费者和电力提供者都能因此受益。市场创造了更大的透明度和可预测性，这很可能会刺激对可再生能源的投资，提高整个电网的效率，并刺激消费者和电力提供者做出有利的决定，从而推动中国进一步降碳。在这些任务上，市场引导比控制式监管要好得多。这样的市场还将增加对能源技术创新的研发投资，这对整个清洁能源转型很重要。

2018年，中国电动乘用车销量位居世界之首，中国政府预测，到2030年，电动汽车将占中国汽车保有量的15%，即约8000万辆。针对车主和汽车生产商的新法规已经颁布，中国正在大力投资建设充电基础设施，以支持这个蓬勃发展的行业。此外，中国目前风电装机容量已突破180GW，同时也是世界上最大的光伏系统生产国和用户国。中国已有约16%的发电装机容量是可再生能源，并且这个数字还在迅速增长。就钢铁行业而言，中国正在大幅提高其生产效率。中国还将大力减少或消除农村居民家庭和小型商业机构直接燃烧煤炭供能的现象——2015年，这些行业每年消耗近9000万吨煤炭。中国正在建设的高压输电线路比任何其他国家都多，而且是全球少数继续扩张核电行业的几个国家之一。

中国一开始的这些行动令人印象深刻，但随着进一步降碳进程的推进，在完成经济和政治成本较低的投资后，实现更深度碳减排的道路将变得更加困难。为了降低这些成本，中国应考虑现在就采取某些行动，以增加实现这种转变的可行性。

首先，中国在2020—2030年做出的决策将影响2030年以后的降碳政治和经济成本。如果中国仅通过将煤炭发电转移至西部省份，然后通过高压线将电力再输送至东部来减少东部城市的空气污染，在减少碳排放方面将收效甚微。此外，中国拥有世界上最好的高速铁路系统，从而使城际汽车客运量减少。因此，对于许多中国车主来说，方便城内出行的小型车更受欢迎，这为电动汽车开辟了一个庞大的市场。

其次，中国已对现有能源体系进行了大量投资。中国需制定一个有效可行的计划来帮助那些因向低碳转型而失业的人。电力行业目前有数百万从业人员，许多人在老旧且低效的电厂工作多年，其中一部分是已退休的工人，任何改革方案都不能忽视这些人。近年来，中国在煤炭行业减少了超 130 万个工作岗位。中国的社会福利体系承受的压力较大。

最后，未来市场对中国能源系统的影响将比以往任何时候都更为深远。随着降碳成本的逐步增加，之前尚可容忍的低效系统将变得昂贵，政府在解决或者缓解这些问题上也将面临不小的压力。从历史上来看，中国一直对市场有不同理解，因为市场往往被认为是西方经济学家的产物且具有不公平性，且市场对中国通过中央计划体系取得的成功缺乏理解和欣赏。中国不会放弃促使其成功的因素，比如强有力的规划和对国有企业的依赖。在这种结构中，中国可能会利用市场激励措施来提高效率，从而加速向低碳经济的转型。

随着中国继续减少其碳足迹，中国将意识到利用市场机制的经济成本要远低于仅依靠政府合同、配额、法规和政策授权的成本。换句话说，想要实现 60%～80% 的碳减排目标，从经济性上来说是过于昂贵的，而降低这些成本的唯一途径是更多地利用市场机制。

降碳需要数百万利益相关者对投资、运营和采购做出决策。无论是考虑该如何消费电力的消费者，还是负责需求侧管理的配电公司，考虑是否投资可再生能源的投资者，以及是否将现有设备系统替换为循环设备系统的发电厂所有者，所有这些利益相关者都将受到激励措施的影响。正如作者在第 2 章和第 6 章中所述，如果中国想降低碳排放水平，激励措施必须改变。为实现这一目标，中国可颁布一系列政策法规，指导成千上万的利益相关者做出政府认为正确的决定，或是改变激励措施。实际上，仅依靠政策法规不太可能带来电力产业所需的变革，中国可能会同时采用上面两种方式。

本书提出了三个主要建议。首先，我们认为中国应调整其电力系统调度制度，以经济调度取代“三公”调度。正如作者在第 2 章和第 3 章中所述，“三公”调度将导致燃煤电厂的建造量超过实际需求量，可再生能源发电被弃用，污染严重的电厂往往比清洁设施更受青睐。当中国的电力系统需要更多投资时，这样的调度系统是可行的，但在清洁能源发电厂比重正逐步增长时，且在维持低效电厂的成本越来越高的系统中，“三公”调度可能在经济上不再可行。中国对可再生能源的投资越多，这种低效率的成本就越大。

其次，我们建议中国关注将间歇性电源、可调度电源和需求管理相结合的挑战。中国现行的电价制度反映了热力发电的平均成本，但未能充分奖励运营成本相对较低的电厂。可再生能源发电的上网电价补贴有助于纠正部分问题，但目前这些价格设定的结果难以预测。因此，新项目的投资者只能试图猜测其投资的未来价值，这将导致其投资模式有可能不是最优的。中国如果想要激励大型高效煤炭设施的所有者同意在峰值产量以下、每年更少时间的情况下运营其煤碳设施，以便在可再生能源出力较少的情况下成为替代负荷供能，就必须找到一种模式，使这些投资决策在投资回报上具有吸引力。使用高效燃煤电厂作为备用负荷供能越多，其运营成本就越高，除非得到补偿，电厂运营商不会同意让渡其现有的利益。

我们建议中国采用分时发电定价。经济学家长期以来一直认为，在任何给定的 5~30 分钟，电价应该与电力成本相等。由于需求和供应都在不断变化，电力成本在一天中也在不断变化。包括中国在内的大多数国家都会对电力成本进行估算，然后根据平均值设定电价。在人们转向电动汽车并将供暖系统转向电力热泵的情景下，使用分时电价将变得尤为重要。例如，如果所有的电动汽车所有者决定在同一时间将他们的汽车接入系统充电，可能会造成电力系统无法承受需求量的激增。如果电价全天变化，车主会选择在电价低的时候给他们的车辆充电。但是，如果电价在成本变化的情况下保持不变，车主将没有动力调整他们的消费模式。未来低碳的特点是间歇性供应和需求模式，只能通过反映全天实际成本的电价系统来实现正常运营。

尽管市场和激励措施很重要，但政府的监管与治理也很重要。在第2章中，作者认为中国电力系统治理的复杂性是改革的障碍之一。如前文所述，中国电力行业的大部分关键环节都由国家拥有和运营——无论是政府还是省级政府；投资由国家计划和资助；国家调节价格和生产。国家发展和改革委员会是能源主导机构，它在电力领域的职责分散在多个部门，但这些部门之间的政策和举措衔接不够紧密。此外，各部委和发电企业、电网企业之间的互动并不总是同步的。

省级政府负责许多决策，并在其管辖范围内的电力资产运营中拥有重大利益关系。对国有生产业征收的税赋会影响省级政府收入来源，因此企业之间存在利益冲突。

在摆脱对化石燃料的依赖的过程中，中国决策者需要做出艰难的决定，而这些决定并不总是受欢迎的。公民会要求了解政府支持的这些能源计划和项目的成本和风险。中国如果要增设核电站、高压输电线路甚至大型水电站，需要公众的信任。正如作者在第4章中所述，建立公众信任对于核电的大规模建设至关重要——中国能源规划者认为，这一选择对于发展低碳能源组合至关重要。这种信任只能通过中央和省级政府采取行动，让公众参与对安全、安保和经济风险的公开讨论来实现。

除建立公众信任和协调治理责任分配外，中国还需完善电力规划部门，并设法将市场信号融入这一过程中。作者在第2章中提供了输电线路选址的例子，输电线路的建设和运营将由两家电网公司共同承担，但输电线路的选址和未来发电厂的选址属省级政府的管辖范围。建立一个省级和政府都支持的电力规划体系，将为清洁电力的未来投资者提供更大的投资确定性。

最后，为更好地实现低碳经济转型，中国应制定、通过和实施《气候法》。全球两大温室气体排放国——美国和中国，均尚未实施一项相关法律。在此类法律实施之前，主要利益相关者会认为减少碳排放并非当务之急，也不会为未来做好充分计划。

向低碳能源经济体系过渡是地球人类历史上最具挑战性的旅程之一。这并非易事，而且将充满不确定性。中国如果想成功引领全球这一历程，本书的作者已试图指明目前需要采取的政策步骤。这些步骤不仅涉及技术、经济和能源政策的变化，还涉及能源和经济活动的基本治理方案。中国如果为深度降碳落实一个坚实的政策基础，就有可能引领世界走向碳中和能源体系，并实现其碳中和目标。

参考文献
References

［1］M. R. Allen，D. J. Frame，C. Huntingford et al.，"Warming caused by cumulative carbon emissions towards the trillionth tonne，" *Nature* 458（7242）（2009），pp. 1163–1166.

［2］The White House，Office of the Press Secretary，"U.S.–China Joint Anouncement on Climate Change"（November 11，2014），Available at：www.whitehouse.gov/the–press– office/2014/11/11/us–china–joint–announcement–climate–change.

［3］International Energy Agency，"CO_2 Emissions from Fuel Combustion 2018"，Paris：International Energy Agency，2018.

［4］REN21，"Renewables 2015 Global Status Report"，Paris：REN21，2015.

［5］W. Dong and Y. Qi，"Government behaviors and PPP model in clean energy industry development in China"，in Y. Qi and X. Zhang，eds.，*Annual Review of Low Carbon Development in China*（2015–2016），Beijing：Social Science Academic Press，2016，pp. 182–218.

［6］MIT Energy Initiative，"The Future of the Electric Grid"，Cambridge，MA：MIT Energy Initiative，2011.

［7］M. R. Davidson，V. Karplus，W. Xiong et al.，"Modelling the potential for wind energy integration on China's coal–heavy electricity grid"，*Nature Energy* 1（7）（2016），pp. 1–7.

[8] F. Kahrl, D. Jianhua, H. Junfeng et al., "Challenges to China's transition to a low carbon electricity system", *Energy Policy* 39 (7)(2011), pp. 4032–4041.

[9] O. Van Vliet, A. S. Brouwer, A. P. C. Faaij et al., "Energy use, cost and CO_2 emissions of electric cars", *Journal of Power Sources* 196 (4)(2011), pp. 2298–2310.

[10] China Electricity Association, "China's Electricity Sector Status and Prospects", Beijing: People's Republic of China, 2017.

[11] National Development and Reform Commission, "National 13th Five–Year Plan for Energy Development", Beijing: People's Republic of China, 2016.

[12] J. H. Williams and F. Kahrl, "Electricity reform and sustainable development in China", *Environmental Research Letters* 3 (4)(2008), pp. 1–14.

[13] National Energy Administration, "Guidelines on the Management of Electric Power Planning", Beijing: People's Republic of China, 2016.

[14] F. Kahrl, J. H. Williams, and J. Hu, "The political economy of electricity dispatch reform in China", *Energy Policy* 53 (2013), pp. 361–369.

[15] P. Andrews–Speed, "Reform postponed: The evolution of China's electricity markets", in F. P. Sioshansi, ed., *Evolution of Global Electricity Markets. New Paradigms, New Challenges, New Approaches*, Waltham, MA: Elsevier, 2013, pp. 531–569.

[16] M. Zeng, J. Sun, L. Wang et al., "The power industry reform in China 2015: Policies, evaluations and solutions", *Renewable and Sustainable Energy Reviews* 57 (2016), pp. 94–110.

[17] L. Zhang, "Electricity pricing in a partial reformed plan system: The case of China", *Energy Policy* 43 (2012), pp. 214–225.

[18] J. Ma, "On–grid electricity tariffs in China: Development, reform and prospects", *Energy Policy* 39 (5)(2011), pp. 2633–2645.

[19] P. Wang, L. Liu, and T. Wu, "A review of China's climate governance: State, market and civil society," *Climate Policy* 18 (5)(2018), pp. 664–679.

[20] G. He, A. P. Avrin, J. Nelson et al., "SWITCH–China: A systems approach to decarbonizing China's power system," *Environmental Science and Technology* 50(2016), pp. 5467–5473.

[21] Energy Research Institute, National Development and Reform Commission, "China 2050 High Renewable Energy Penetration Scenario and Roadmap Study" (Beijing: People's Republic of China, 2015), Available at: www.efchina.org/Attachments/ Report/report–20150420/China–2050–High–Renewable–Energy–Penetration–Scenario– and–Roadmap–Study–Executive–Summary.pdf.

[22] UN Environment, Frankfurt School–UNEP Collaborating Centre UN and Bloomberg New Energy Finance, "Global Trends in Renewable Energy Investment" (Frankfurt am Main: Frankfurt School–UNEP Collaborating Centre for Climate & Sustainable Energy Finance, 2017), Available at: www.greengrowthknowledge.org/sites/default/ files/downloads/resource/Global%20Trends%20in%20Renewable%20Energy% 20Investment%202017_0.pdf.

[23] National Energy Administration, "Wind Power Integration and Operation 2018" (Beijing: People's Republic of China, 2019), Available at: www.gov.cn/xinwen/ 2019–01/29/content_5361945.htm.

[24] National Energy Administration, "PV Power Generation Statistics for 2018" (Beijing: People's Republic of China, 2019), Available at: www.gov.cn/xinwen/2019–03/20/ content_5375353.htm.

[25] UN Environment, Frankfurt School–UNEP Collaborating Centre UN and Bloomberg New Energy Finance, "Global Trends in Renewable Energy Investment" (Beijing: People's Republic of China, 2020), Available at: www.fs–unep–centre.org/wp–con tent/uploads/2020/06/GTR_2020.pdf.

[26] National Energy Administration, "Wind Energy Development 13th

Five-Year-Plan (2016-2020)" (Beijing: People's Republic of China, 2016), Available at: www.gov .cn/xinwen/2016-11/30/content_5140637.htm.

[27] National Energy Administration, "Solar Energy Development 13th Five-Year-Plan (2016-2020)" (Beijing: People's Republic of China, 2016), Available at: https: // policy.asiapacificenergy.org/sites/default/files/IEA_PAMS_China_ China13thSolarEnergyDevelopmentFiveYearPlan20162020.pdf.

[28] National Energy Administration, "Renewable Electricity Quota and Assessment Methods" (Beijing: People's Republic of China, 2018), Available at: http: //zfxxgk .nea.gov.cn/auto87/201803/t20180323_3131.htm.

[29] Bloomberg News Editors, "China sets new renewables target of 35 percent by 2030" *Renewable Energy World* (September 26, 2018), Available at: www .renewableenergyworld.com/baseload/china-sets-new-renewables-target-of-35-percent- by-2030/#gref.

[30] National Energy Administration, "Wind Industry Maintains Steady and Rapid Development Trend in 2013" (Beijing: People's Republic of China, 2014), Available at: http: //energy.people.com.cn/n/2014/0306/c71890-24550768.html.

[31] National Energy Administration, "Wind Industry Surveillance Report 2014" (Beijing: People's Republic of China, 2015), Available at: www.chinapower.com.cn/informa tiontjzlqg/20160106/16581.html.

[32] National Energy Administration, "Wind Power Industry Development 2015" (Beijing: People's Republic of China, 2016), Available at: www.chinapower.com .cn/information&tjzl&qg/20160203/13900.html.

[33] National Energy Administration, "Wind Power Integration and Operation 2017" (Beijing: People's Republic of China, 2018), Available at: www.nea.gov.cn/2018- 02/01/c_136942234.htm.

[34] National Energy Administration, "PV Power Generation Statistics for 2018."

[35] National Energy Administration, "Wind Power Integration and

Operation 2018."

[36] National Energy Administration, "PV Power Generation Statistics for 2018." (Beijing: People's Republic of China, 2019), Available at: www.gov.cn/xinwen/ 2018-01/24/content_5260072.htm#1.

[37] National Energy Administration, "PV Power Generation Statistics for 2018," Available at: www.gov.cn/xinwen/2019-03/20/content_5375353.htm.

[38] National Energy Administration, "Wind Power Integration and Operation 2018," Available at: www.gov.cn/xinwen/2019-01/29/content_5361945.htm.

[39] National Energy Administration, "Wind Industry Surveillance Report 2014," Available at: www.chinapower.com.cn/informationtjzlqg/20160106/16581.html.

[40] National Energy Administration, "Wind Power Industry Development 2015," Available at: www.chinapower.com.cn/information&tjzl&qg/20160203/13900.html.

[41] National Energy Administration, "Wind Power Integration and Operation 2017," Available at: www.nea.gov.cn/2018-02/01/c_136942234.htm.

[42] National Energy Administration, "Wind Power Integration and Operation 2016," (Beijing: People's Republic of China, 2017) . Available at: www.nea.gov.cn/2017- 01/26/c_136014615.htm.

[43] Energy Research Institute of Academy of Macroeconomic Research, National Development and Reform Commission, "China 2050 High Renewable Energy Penetration Scenario and Roadmap Study," Available at: www.efchina.org/ Attachments/Report/report-20150420/China-2050-High-Renewable-Energy- Penetration-Scenario-and-Roadmap-Study-Executive-Summary.pdf.

[44] M. R. Davidson, D. Zhang, W. Xiong et al., "Modelling the potential for wind energy integration on China's coal-heavy electricity grid," *Nature Energy* 1 (7)(2016), p.16086. Available at: www.nature.com/articles/nenergy201686.

[45] National Development and Reform Commission, "The NDRC Announcement on Adjusting Feed-in-Tariffs for PV and Onshore Wind" (Beijing: People's Republic of China, 2016), Available at: www.gov.cn/xinwen/2016-12/28/content_5153820 .htm.

[46] National Development and Reform Commission, "Ministry of Finance and National Energy Administration," 2018 Announcement on PV Generation, 2018, Available at: www.ndrc.gov.cn/zcfb/zcfbtz/201806/t20180601_888637.html

[47] National Energy Administration, "Announcement on 2018 Wind Investment Surveillance Results," (March 5, 2018) . Available at: http: // zfxxgk.nea.gov.cn/ auto87/201803/t20180307_3124.htm.

[48] National Development and Reform Commission and National Energy Administration, "Notice of the National Development and Reform Commission and National Energy Administration on Establishing and Improving the Guarantee Mechanism for Renewable Energy Power Consumption" (Beijing: People's Republic of China, 2019), Available at: www.gov.cn/xinwen/2019-05/16/content_ 5392082.htm.

[49] State Council, "Announcement on Government Approved Investment Projects List" (December 20, 2016), Available at: www.gov.cn/zhengce/content/2016-12/20/con tent_5150587.htm.

[50] National Energy Administration, "National Energy Administration: Six Measures to Support Air Pollution Control Efforts in the Yangtze River Delta Region" (Beijing: People's Republic of China, 2014), Available at: www.nea.gov.cn/2014-12/12/c_ 133850786.htm.

[51] State Grid Corporation of China, Information on UHV. Available at: www.sgcc.com .cn/html/sgcc_main/col2017041259/column_2017041259_1.shtml.

[52] W. Peng, J. Yuan, Y. Zhao et al., "Air quality and climate benefits of long-distance electricity transmission in China," *Environmental Research*

Letters 12（6）(2017), a. 064012. Available at: https: //iopscience.iop.org/article/10.1088/1748–9326/aa67ba.

[53] T&D World, "SPP Sets North American Record for Wind Power" (February 13, 2017) Available at: www.tdworld.com/grid–innovations/generation–and–renewables/art icle/20969338/spp–sets–north–american–record–for–wind–power#: ~: text=Southwest% 20Power%20Pool%20set%20a, given%20time%20with%20wind%20energy.

[54] L. Bird, J. Cochran, and X. Wang, "Wind and Solar Energy Curtailment: Experience and Practices in the United States" *NRELTP-6A20*–60983 (Golden, CO: National Renewable Energy Laboratory, 2014), Available at: www.nrel.gov/docs/fy14osti/ 60983.pdf.

[55] International Energy Agency, "Energy Policies beyond IEA Countries: Chile 2018" (Paris: International Energy Agency, 2018), Available at: www.iea.org/reports/ energy–policies–beyond–iea–countries–chile–2018–review.

[56] Bundesnetzagentur, "Monitoring Report 2015" (Bonn: Bundesnetzagentur für Elektrizität, Gas, Telekommunikation, Post und Eisenbahnen, 2016), Available at: www.bundesnetzagentur.de/SharedDocs/Downloads/EN/BNetzA/PressSection/ ReportsPublications/2015/Monitoring_Report_2015_Korr.pdf; jsessionid= EBE9DCFD35D44C5EF6F45492336CBDEF?__blob=publicationFile&v=4.

[57] B. Wehrmann, "The Energiewende's booming flagship braces for stormy times," *Clean Energy Wire* (June 14, 2017). Available at: www.cleanenergywire.org/dos siers/onshore–wind–power–germany

[58] Energy Research Institute of Academy of Macroeconomic Research/National Development and Reform Commission and China National Renewable Energy Centre, "China Renewable Energy Outlook 2017" (Beijing: China Energy Network, 2017), Available at: www.china5e.com/news/news–1009552–1.html.

[59] MIT Energy Initiative, "Managing Large-Scale Penetration of Intermittent Renewables" (Cambridge, MA: Massachusetts Institute of Technology Energy Initiative, 2011) . Available at: http: //energy.mit.edu/wp-content/uploads/2012/03/ MITEI-RP-2011-001.pdf.

[60] N. Zhang, X. Lu, M. B. McElroy et al., "Reducing curtailment of wind electricity in China by employing electric boilers for heat and pumped hydro for energy storage," *Applied Energy* 184 (2016), pp. 987-994.

[61] Y. Kong, Z. Kong, Z. Liu et al., "Pumped storage power stations in China: The past, the present, and the future," *Renewable and Sustainable Energy Reviews* 71 (2017), pp. 720-731.

[62] National Energy Administration, "Hydropower Development 13th Five-Year-Plan (2016-2020)" (Beijing: People's Republic of China, 2016), Available at: https: // policy.asiapacificenergy.org/sites/default/files/%E6%B0%B4%E7%94%B5%E5%8F %91%E5%B1%95%E2%80%9C%E5%8D%81%E4%B8%89%E4%BA%94%E2%80%9D%E8%A7%84%E5%88%92.pdf.

[63] M. R. Davidson, "Politics of power in China: Institutional bottlenecks to reducing wind curtailment through improved transmission," *International Association for Energy Economics IAEE Energy Forum* 4 (2013), pp. 41-43. Available at: https: // mdavidson.org/2013-09-01-politics-power-china-wind-curtailment-transmission/.

[64] M. Milligan, B. Kirby, T. Acker et al., "Review and Status of Wind Integration and Transmission in the United States: Key Issues and Lessons Learned," *NRELTP- 5D*00-61911 (Oak Ridge, TN: U.S. Department of Energy, Office of Scientific and Technical Information, 2015) . Available at: www.osti.gov/biblio/1214995-review- status-wind-integration-transmission-united-states-key-issues-lessons-learned.

[65] International Energy Agency, "Status of Power System Transformation 2018," (Paris: International Energy Agency, 2018) . Available

at: https: //webstore.iea.org/status-of- power-system-transformation-2018.

[66] Paltsev and Zhang, "Natural gas pricing reform in China."

[67] Milligan et al., "Review and Status of Wind Integration and Transmission in the United States."

[68] National Energy Administration, "Electricity Dispatch and Market Operations Supervision Report of Shandong and 6 Provinces," (Beijing: People's Republic of China, 2017) . Available at: www.nea.gov.cn/2017-09/22/c_136629982.htm.

[69] Argonne National Laboratory, "Power Play: China's Ultra-High Voltage Technology and Global Standards," (Chicago: Paulson Institute, 2015) .

[70] Y. Shu, Z. Zhang, J. Guo et al., "Study on key factors and solution of renewable energy accommodation," *Proceedings of the Chinese Society of Electrical Engineering* 37 (1)(2017), pp. 1–8.

[71] M. Rivier, I. Pérez–Arriaga, and L. Olmos, "Electricity transmission," in I. J. Pérez– Arriaga, ed., *Regulation of the Power Sector* (London: Springer–Verlag, 2013), pp. 251–340.

[72] Z. Ming, P. Lilin, F. Qiannan et al., "Trans–regional electricity transmission in China: Status, issues and strategies," *Renewable and Sustainable Energy Reviews* 66 (2016), pp. 572–583.

[73] C. Tsai, "Regulating China's power sector: Creating an independent regulator without autonomy," *China Quarterly* 218 (2014), pp. 452–473.

[74] D. Yu, B. Zhang, J. Liang et al., "The influence of generation mix on the wind integrating capability of North China power grids: A modeling interpretation and potential solutions," *Energy Policy* 39 (11)(2011), pp. 7455–7463.

[75] Electric Power Research Institute (EPRI), "Electricity Energy Storage Technology Options," (Washington, DC: Electric Power Research Institute, 2011) . Available at: www.epri.com/#/pages/product/1022261/.

[76] X. Luo, J. Wang, M. Dooner et al., "Overview of current development in electrical energy storage technologies and the application potential in power system operation," *Applied Energy* 137 (2015), pp. 511–536.

[77] M. Aneke and M. Wang, "Energy storage technologies and real life applications – A state of the art review," *Applied Energy* 179 (2016), pp. 350–377.

[78] Luo et al., "Overview of current development."

[79] Aneke and Wang, "Energy storage technologies."

[80] F. J. de Sisternes, J. D. Jenkins, and A. Botterud, "The value of energy storage in decarbonizing the electricity sector," *Applied Energy* 175 (2016), pp. 368–379.

[81] Zhang et al., "Reducing curtailment of wind electricity in China."

[82] H. Lund, S. Werner, R. Wiltshire et al., "4th Generation District Heating (4GDH): Integrating smart thermal grids into future sustainable energy systems," *Energy* 68 (2014), pp. 1–11.

[83] U.S. Department of Energy, "Maintaining Reliability in the Modern Power System" (Washington, DC: U.S. Department of Energy, 2016), Available at: www.hsdl.org/? abstract&did=806857.

[84] F. Shariatzadeh, P. Mandal, and A. K. Srivastava, "Demand response for sustainable energy systems: A review, application and implementation strategy," *Renewable and Sustainable Energy Reviews* 45 (2015), pp. 343–350.

[85] Potomac Economics, "2015 State of the Market Report for the ERCOT Wholesale Electricity Markets" (Fairfax, VA: Potomac Economics, 2016), Available at: www .potomaceconomics.com/wp-content/uploads/2017/01/2015-ERCOT-State-of-the- Market-Report.pdf.

[86] Y. Liu, "Demand response and energy efficiency in the capacity resource procure- ment: Case studies of forward capacity markets in ISO New England, PJM and Great Britain," *Energy Policy* 100 (2017), pp. 271–282.

[87] National Development and Reform Commission, "Notice from the NDRC on Using Pricing Signals to Balance Supply Demand and Promote Rational Use of Electricity" (Beijing: People's Republic of China, 2003), Available at: www.nea.gov.cn/2011-08/ 16/c_131052527.htm.

[88] "Measures on the Orderly Use of Electricity" (Beijing: People's Republic of China, 2011), Available at: www.ndrc.gov.cn/fzggw/jgsj/yxj/sjdt/201104/t20110428_ 987489_ext.html.

[89] J. Guocheng, "The Development and Reform Commission and other departments issued the 'Measures for the Management of the Power Demand Side'," *China Today* (November 18, 2010) . Available at: www.gov.cn/jrzg/2010-11/18/content_1748085 .htm.

[90] M. Yew, M. Enoe, and A. Hove, "Stronger Markets, Cleaner Air: A High Reward Solution to Reduce Energy Use, Emissions and Costs," (Chicago: Paulson Institute, 2015) .

[91] Y. Liu, N. Eyre, S. Darby et al., "Assessment of Demand Response Market Potential and Benefits in Shanghai," (Beijing: Natural Resources Defense Council, 2015) . Available at: www.nrdc.org/sites/default/files/assessment-demandresponsepotentia lbenefitsshanghai.pdf.

[92] Tsinghua University and International Energy Agency, "District Energy Systems in China: Options for Optimisation and Diversification," (Paris: International Energy Agency, 2017) . Available at: www.iea.org/reports/district-energy-systems-in-china.

[93] "District Energy Systems in China: Options for Optimisation and Diversification," Available at: www.iea.org/reports/district-energy-systems-in-china.

[94] Argonne National Laboratory, "Power Play."

[95] MIT Energy Initiative, "The Future of Solar Energy," Available at: http: //energy.mit .edu/wp-content/uploads/2015/05/MITEI-The-Future-of-Solar-Energy.pdf.

[96] P. D. Lund, J. Lindgren, J. Mikkola et al., "Review of energy system flexibility measures to enable high levels of variable renewable electricity," *Renewable and Sustainable Energy Reviews*, 45 (2015), pp. 785–807.

[97] International Energy Agency, "World Energy Outlook 2017" (Paris: International Energy Agency, 2017), pp. 700–701.

[98] Hu J., Huang L., Chen M. et al., "Premature mortality attributable to particulate matter in China: Source contributions and responses to reductions," *Environmental Science and Technology* 51 (17)(2017), pp. 9950–9959.

[99] International Atomic Energy Agency, "Power Reactor Information System" (Vienna: International Atomic Energy Agency, n.d.), Available at: www.iaea.org/ pris/.

[100] M. Hibbs, *The Future of Nuclear Power in China* (Washington, DC: Carnegie Endowment for International Peace, 2018) .

[101] World Nuclear Association, "Nuclear Power in China" (London: World Nuclear Association, October 2017) .

[102] M. V. Ramana and A. King, "A new normal? The changing future of nuclear energy in China," in Peter van Ness and Mel Gurtov, eds., *Lessons from Fukushima* (Canberra: Australia National University Press, 2017), pp. 103–132. Available at: https: //press.anu.edu.au/publications/learning–fukushima.

[103] M. Schneider and A. Frogatt, with J. Hazemann, T. Katsuta, M. V. Ramana, J. C. Rodriguez, A. Rüdinger, and A. Stienne, "World Nuclear Industry Status Report 2017" (Paris: Mycle Schneider Consulting, September 2017), pp. 198–202.

[104] J. Buongiorno, M. Corradini, and J. Parsons, co–chairs, "The Future of Nuclear Energy in a Carbon–Constrained World" (Cambridge, MA: MIT Energy Initiative, 2018), Available at: http: //energy.mit.edu/wp–content/uploads/2018/09/The–Future– of–Nuclear–Energy–in–a–Carbon–Constrained–World.pdf.

[105] M. Bunn, H. Zhang, and L. Kang, "The Cost of Reprocessing in

China" (Cambridge, MA: Belfer Center for Science and International Affairs, January 2016), pp. 12–13.

[106] "Goals set for nuclear energy development in next five years," *China Daily* (January 18, 2017) . Available at: www.chinadaily.com.cn/business/2017–01/18/content_ 27988526.htm

[107] S. Tabeta, "China approves first new nuclear reactors in 3–plus years," *Nikkei Asian Review* (August 2, 2019) . Available at: https: //asia.nikkei.com/Business/Energy/ China–approves–first–new–nuclear–reactors–in–3–plus–years.

[108] S. Kidd, "Assessing China's slowdown," *Nuclear Intelligence Weekly* (November 30, 2018), p. 7. Available at: www.energyintel.com/pages/about_uiw.aspx.

[109] World Nuclear Association, "Nuclear Power in China."

[110] S. Stapczynski, "Nuclear experts head to China to test experimental reactors," *Bloomberg Technology* (September 21, 2017) . Available at: www.bloomberg .com/news/articles/2017–09–21/nuclear–scientists–head–to–china–to–test–experimen tal–reactors.

[111] C. F. Yu and G. Peach, "China: CNNC commits to TWR development," *Nuclear Intelligence Weekly* (October 6, 2017) . Available at: www.energyintel.com/pages/ about_uiw.aspx.

[112] US Department of Energy, National Nuclear Security Administration, "U.S. Policy Framework on Civil Nuclear Cooperation with China" (Washington, DC: National Nuclear Safety Administration, October 2018) .

[113] C. F. Yu, "China: U.S. export ban paves way for competition," *Nuclear Intelligence Weekly* (October 19, 2018) . Available at: www.energyintel.com/pages/about_uiw .aspx.

[114] National Nuclear Safety Administration, "The People's Republic of China: Seventh National Report Under the Convention on Nuclear Safety

(2013–2015)" (Beijing: Ministry of Environmental Protection, 2016) .

[115] World Nuclear Association, "Nuclear Power in China."

[116] P. Y. Lipcsy, K. E. Kushida, and T. Incerti, "The Fukushima Disaster and Japan's Nuclear Plant Vulnerability in Comparative Perspective," *Environmental Science & Technology*, 47 (2013), pp. 6082–6088.

[117] Y. Dejian, "Nuclear Safety Regulatory Framework and Challenges in China," *presentation to the 40th Annual Meeting of the Spanish Nuclear Society*, October 2014.

[118] Hibbs, *The Future of Nuclear Power in China*, p. 87.

[119] "Former China nuclear head jailed for life over bribes," *BBC News* (November 19, 2010) .

[120] H. Zhang, "China's Nuclear Security: Progress, Challenges, and Next Steps" (Cambridge, MA: Project on Managing the Atom, Harvard University, 2016), pp. 5–7. Available at: http: //belfercenter.hks.harvard.edu/files/Chinas%20Nuclear% 20Security–Web.pdf.

[121] Lipcsy et al., "The Fukushima disaster and Japan's nuclear plant vulnerability."

[122] International Atomic Energy Agency, "Integrated Regulatory Review Service (IRRS) Follow–Up Mission to China," IAEA–NS–IRRS–2016/06. (Vienna: International Atomic Energy Agency, 2016) . Available at: www.iaea.org/sites/ default/files/documents/review–missions/final_report_china_follow–up.pdf.

[123] "Maintain nuclear perspective, China told," *World Nuclear News* (January 11, 2011) . Available at: www.world–nuclear–news.org/NP_Maintain_nuclear_perspec tive_China_told_1101112.html.

[124] Lipcsy et al., "The Fukushima disaster and Japan's nuclear plant vulnerability."

[125] C. Guohan, "Safety Enhancement of the NPPs in China After the Fukushima Accident," *presentation to the 3rd Regulatory Conference of the*

European Nuclear Safety Regulators Group, June 29–30, 2015.

[126] E. Graham–Harrison, "China warned over 'insane' plans for new nuclear power plants," *The Guardian* (May 25, 2015) .

[127] C. Buckley, "China's nuclear vision collides with villagers' fears," *New York Times* (November 21, 2015) . Available at: www.nytimes.com/2015/11/22/world/asia/ chinas–nuclear–vision–collides–with–villagers–fears.html?_r=0

[128] Z. Yue, "China's nuclear expansion threatened by public unease," *China Dialogue* (September 23, 2014) . Available at: www.chinadialogue.net/article/show/single/en/ 7336–China–s–nuclear–expansion–threatened–by–public–unease.

[129] Buckley, "China's nuclear vision collides with villagers' fears."

[130] Yue, "China's nuclear expansion threatened by public unease."

[131] L. Jinging, Y. Fuqiang, J. Portner, et al., "Recommendation for the Reform of China's Nuclear Safety Regulatory System" (Beijing: Natural Resources Defense Council, December 2013) .

[132] J. V. Rees, *Hostages of Each Other: The Transformation of Nuclear Safety Since Three Mile Island* (Chicago: University of Chicago Press, 1996) .

[133] L. Zhang, "Nuclear Safety Culture Construction in China," *presentation, IAEA Workshop on the Use of a Harmonized Safety Culture Framework*, Vienna, October 23–25, 2017.

[134] Rosatom, "Public Annual Report–2013: Performance Results of the State Atomic Energy Corporation 'Rosatom'" (Moscow: Rosatom, 2014), Available at: www .rosatom.ru/upload/iblock/f6e/f6eb142a59cc7b93cb8a254ee7dd11a4.pdf.

[135] M. Bunn, M. B. Malin, N. Roth et al., "Preventing Nuclear Terrorism: Continuous Improvement or Dangerous Decline?" (Cambridge, MA: Project on Managing the Atom, Belfer Center for Science and International Affairs, Harvard Kennedy School, 2016), p. 29. Available at: http: //

belfercenter.ksg.harvard.edu/files/PreventingNuclear Terrorism–Web.pdf.

[136] T. Hegghammer and A. Daehli, "Insiders and outsiders: A survey of terrorist threats to nuclear facilities," in M. Bunn and S. Sagan, eds., *Insider Threats* (Ithaca: Cornell University Press, 2017), pp. 10–41.

[137] R. Gramer, "The Islamic State just pledged to attack China next: Here's why," *Foreign Policy* (March 1, 2017) . Available at: https: // foreignpolicy.com/2017/03/ 01/the–islamic–state–pledged–to–attack–china–next–heres–why/

[138] F. von Hippel and M. Schoeppner, "Reducing the danger from fires in spent fuel pools," *Science & Global Security*, 24 (3)(2016), pp. 141–173.

[139] H. Zhang and T. Zhang, "Securing China's Nuclear Future" (Cambridge, MA: Project on Managing the Atom, Harvard University, 2014), Available at: https: // www.belfercenter.org/sites/default/files/files/publication/ securingchinasnuclearfutureenglish.pdf.

[140] Y. Zhou, "The security implications of China's nuclear energy expansion," *Nonproliferation Review* 17 (2)(July 2010), pp. 347–363.

[141] L. Wang, "On China's Nuclear Security Regulations," presentation, Harvard– Tsinghua workshop on "Opportunities for Cooperation on Regulating Nuclear Safety and Security," Beijing, June 2, 2017.

[142] H. Zhang, "China's Enrichment Capacity: Rapid Expansion to Meet Commercial Needs" (Cambridge, MA: Project on Managing the Atom, Harvard Kennedy School, August 2015), pp. 17–18.

[143] "China: Reprocessing plan faces new domestic challenges," *Nuclear Intelligence Weekly* (August 25, 2017) . Available at: www.energyintel.com/ pages/about_uiw .aspx.

[144] Yu, "China: Reprocessing plan faces new domestic challenges."

[145] Y. Guo and T. Ren, "When it is unfamiliar to me: Local acceptance of planned nuclear power plants in China in the post–Fukushima era," *Energy Policy* 100 (2017), pp. 113–125.

[146] C. Sun and X. Zhu, "Evaluating the public perceptions of nuclear power in China: Evidence from a contingent valuation survey," *Energy Policy* 69 (2014), pp. 397–405.

[147] Guo and Ren, "When it is unfamiliar to me."

[148] Buckley, "China's nuclear vision collides with villagers' fears."

[149] Yue, "China's nuclear expansion threatened by public unease."

[150] J. Vera, "Winning public trust: The siting of a nuclear waste facility in Eurajoki, Finland," *Innovations: Technology, Governance, Globalization* 1 (4)(Fall 2006), pp. 67–82.

[151] M. Bunn, J. P. Holdren, A. Macfarlane et al., "Interim Storage of Spent Nuclear Fuel: A Safe, Flexible, and Cost–Effective Approach to Spent Fuel Management" (Cambridge, MA: Project on Managing the Atom, Harvard University, and Project on Sociotechnics of Nuclear Energy, University of Tokyo, June 2001), pp. 33–56.

[152] J. Weeks, "Advice – and Consent? The Department of Energy's Site–Specific Advisory Boards" (Cambridge, MA: Project on Managing the Atom, Belfer Center for Science and International Affairs, Harvard Kennedy School, August 2000), Available at: www.belfercenter.org/index.php/publication/advice–and–con sent–department–energys–site–specific–advisory–boards.

[153] Organization for Economic Cooperation and Development, "Purchasing Power Parities (PPP)," Available at: https: //data.oecd.org/conversion/purchasing–power–par ities–ppp.htm (Accessed March 24, 2021) .

[154] Organization for Economic Cooperation and Development, International Energy Agency and Nuclear Energy Agency, "Projected Costs of Generating Electricity" (Paris: Organization for Economic Cooperation and Development/International Energy Agency/Nuclear Energy Agency, 2015), p. 41.

[155] N. Barkatullah and A. Ahmad, "Current status and emerging trends

in financing nuclear power projects," *Energy Strategy Reviews* 18 (2017), pp. 127–140.

[156] World Nuclear Association, "The Economics of Nuclear Power" (London: World Nuclear Association, version updated August 2017), Available at: www.world-nuclear .org/information-library/economic-aspects/economics-of-nuclear-power.aspx.

[157] China Nuclear Energy Association, "China Nuclear Energy Guide 2017" (Beijing: China Nuclear Energy Association, 2017), Available at: www.niauk.org/wp-content/ uploads/2018/04/CNEA-China-Nuclear-Energy-Guide.pdf.

[158] "Direct Testimony and Exhibits of Tom Newsome, PE, CFA, Philip Hayet, and Lane Kollen," *In the Matter of: Georgia Power Company's Seventeenth Semi-Annual Vogtle Construction Monitoring Report*, Docket No. 29849 (Augusta, GA: Georgia Public Service Commission, December 1, 2017).

[159] US Energy Information Administration, "Capital Cost Estimates for Utility Scale Electricity Generating Plants" (Washington, DC: Energy Information Administration, November 2016), Available at: www.eia.gov/analysis/studies/ powerplants/capitalcost/pdf/capcost_assumption.pdf.

[160] Lazard, "Lazard's Levelized Cost of Energy Analysis – Version 11.0" (New York: Lazard, November 2017), Available at: www.lazard.com/media/450337/lazard-leve lized-cost-of-energy-version-110.pdf.

[161] International Atomic Energy Agency, "Power Reactor Information System."

[162] International Energy Agency, "World Energy Outlook 2017," pp. 702–703.

[163] "China: NEA codifies nuclear load-following," *Nuclear Intelligence Weekly* (March 10, 2017), Available at: www.energyintel.com/pages/about_uiw.aspx.

[164] "China: Lower–than–expected tariffs for first AP1000s and EPRs," *Nuclear Intelligence Weekly* (April 5, 2019) . Available at: www.energyintel.com/pages/ about_uiw.aspx.

[165] "China: Nuclear players shift to renewables," *Nuclear Intelligence Weekly* (April 6, 2018) . Available at: www.energyintel.com/pages/about_uiw.aspx.

[166] Buongiorno et al., "The Future of Nuclear Energy in a Carbon–Constrained World," pp. 31–58.

[167] L. D. Anadon, V. Bosetti, M. Bunn et al., "Expert judgments about RD&D and the future of nuclear energy," *Environmental Science & Technology* 46 (21)(November 2012), pp. 11497–11504.

[168] C. Forsberg, L. W. Hu, P. Peterson et al., "Fluoride–Salt–Cooled High–Temperature Reactor (FHR) for Power and Process Heat: Final Project Report," MIT–ANP–TR– 157 (Cambridge, MA: Massachusetts Institute of Technology, December 2014) .

[169] J. Buongiorno, J. Jurewicz, M. Golay et al., "The offshore floating nuclear plant (OFNP) concept," *Nuclear Technology* 194 (1)(April 2016), pp. 1–14.

[170] Bunn et al., "Interim Storage of Spent Nuclear Fuel," pp. 33–56.

[171] M. Bunn, "Proliferation–Resistance (and Terror–Resistance) of Nuclear Energy: How to Think About the Problem," presentation, Engineering and Public Policy Seminar, Carnegie–Mellon University, December 12, 2014. Available at: www .belfercenter.org/sites/default/files/legacy/files/prolif–resist–talk–2014.pdf.

[172] H. Zhang and Y. Bai, "China's Access to Uranium Resources" (Cambridge, MA: Project on Managing the Atom, Belfer Center for Science and International Affairs, Harvard Kennedy School, May 2015), Available at: https: //www.belfercenter.org/ sites/default/files/legacy/files/chinasaccesstouraniumresources.pdf.

[173] Nuclear Energy Agency, Organization for Economic Cooperation and Development, and International Atomic Energy Agency, "Uranium 2016," p. 3.

[174] E. Schneider and W. Sailor, "Long-term uranium supply estimates," *Nuclear Technology* 162 (3)(June 2008), pp. 379–387.

[175] M. Kazimi and E. J. Moniz, co-chairs, "The Future of the Nuclear Fuel Cycle: An Interdisciplinary MIT Study" (Cambridge, MA: MIT, 2011), Available at: http: // web.mit.edu/mitei/research/studies/documentsnuclear-fuel-cycle/The_Nuclear_ Fuel_Cycle-all.pdf.

[176] et al., "The Future of Nuclear Energy in a Carbon-Constrained World," p. xii.

[177] Admiral H. Rickover, memorandum, June 5, 1953. Available at: http: //ecolo.org/ documents/documents_in_english/Rickover.pdf.

[178] T. B. Cochran, H. A. Feiveson, W. Patterson et al., "Fast Breeder Reactor Programs: History and Status" (Princeton, NJ: International Panel on Fissile Materials, February 2010), Available at: http: //fissilematerials.org/library/rr08.pdf.

[179] Yu and Peach, "China: CNNC commits to TWR development."

[180] J. Greene, "Trump's tech battle with China roils Bill Gates nuclear venture," *Wall Street Journal* (January 1, 2019) . Available at: www.wsj.com/articles/trumps-tech- battle-with-china-roils-bill-gates-nuclear-venture-11546360589.

[181] E. Cartlidge, "Fusion energy pushed back beyond 2050," *BBC News* (July 11, 2017) . Available at: www.bbc.com/news/science-environment-40558758.

[182] M. Bunn, "Assessing the Benefits, Costs, and Risks of Near-Term Reprocessing and Alternatives," *testimony before the Subcommittee on Energy and Water*, *Committee on Appropriations*, US Senate, 14 September 2006.

[183] F. von Hippel, "Managing Spent Fuel in the United States:

The Illogic of Reprocessing" (Princeton, NJ: International Panel on Fissile Materials, January 2007) .

[184] M. J. Ford and D. P. Schrag, "A tortoise approach for US nuclear research and development," *Nature Energy* (July 30, 2018), pp. 810–812. Available at: www .nature.com/articles/s41560–018–0221–1.pdf.

[185] "China – Flash Report, Sales Volume, 2019," Available at: www. marklines.com/en/ statistics/flash_sales/salesfig_china_2019.

[186] McKinsey Global Institute, "Bridging Global Infrastructure Gaps" (McKinsey & Company, 2016), Available at: www.un.org./pga/71/wp-content/uploads/sites/40/ 2017/06/Bridging–Global–Infrastructure–Gaps–Full-report–June–2016.pdf.

[187] National Development and Reform Commission, "13th Five–Year Plan for Economic and Social Development of the People's Republic of China (2016–2020)" (Beijing: People's Republic of China, 2016), pp. 79–84.

[188] National Bureau of Statistics of China, *China Statistical Yearbook* 2016 (Beijing: China Statistics Press, 2016) .

[189] S. Su, "The Transport Emissions & Social Cost Assessment" (Beijing: WRI China, 2017), Available at: www.wri.org.cn/en/The–Transport–Emissions–and–Social–Cost– Assessment.

[190] H. Ritchie and M. Roser, "China: CO_2 Country Profile," Available at: http: // Ourworldindata.org/co2/country/china?country=chn.

[191] United States Energy Information Agency. "Today in Energy," (February 5, 2018) . Available at: www.eia.gov/todayinenergy/detail. php?id=34812.

[192] International Energy Agency, "World Energy Outlook 2017" (Paris: International Energy Agency, 2017) .

[193] International Council on Clean Transportation, "Chart Library: Passenger Vehicle Fuel Economy" (International Council on Clean Transportation, 2018), Available at: www.theicct.org/chart–library–passenger–

vehicle–fuel–economy.

[194] International Energy Agency. 2017. "CO_2 emissions by product and flow," IEA CO_2 Emissions from Fuel Combustion Statistics (database) . (Paris: International Energy Agency, 2017) . Available at: www.oecd–ilibrary.org/energy/data/iea–co2–emissions– from–fuel–combustion–statistics_co2–data–en.

[195] H. Huo, H. Cai, Q. Zhang et al., "Life cycle assessment of greenhouse gas and air emissions of electric vehicles: A comparison between China and the US," *Atmospheric Environment*, 108 (2015), pp. 108–116.

[196] National Development and Reform Commission, "13th Five–Year Plan for Economic and Social Development of the People's Republic of China (2016–2020)" (Beijing: People's Republic of China, 2016), pp. 84–85.

[197] W. Li, H. Li, H. Zhang et al., "The analysis of CO_2 emissions and reduction potential in China's transport sector," *Mathematical Problems in Engineering* (January 2016), pp. 1–12. Available at: https: //doi.org/10.1155/2016/1043717.

[198] H. Lee and A. Clark, "Charging the Future: Challenges and Opportunities for Electric Vehicle Adoption" (Cambridge, MA: Belfer Center for Science and International Affairs, September 2018), HKS Working Paper No. RWP18–026, pp. 13–14.

[199] E. Barrett, "China is rolling back the subsidies that fueled its electric–vehicle boom," *Fortune.com* (January 5, 2021) . Available at: https: //fortune.com/2021/01/05/china– electric–vehicle–subsidies–sales–tesla/#: ~: text=Subsidies%20on%20electric%2Dvehicle %20purchases, roughly%20 50%25%20of%20global%20sales.&text=To%20get% 20the%20market%20 back, phase%2Dout%20deadline%20of%202022.

[200] U.S. Energy Information Administration, "Gasoline Explained: Factors Affecting Gasoline Prices" (Washington, DC: U.S. Energy Information Administration, n.d.), Available at: http: //www.eia.gov/energyexplained/index.php?page=gasoline%20XE %20" gasoline" %20_factors_affecting_

prices.

[201] F. Li, "China has the most public EV charging stations worldwide," *China Daily.com* (January 11, 2018) . Available at: www.chinadaily.com.cn/a/201801/11/ WS5a5759d9a3102c394518e9e1.html.

[202] National Energy Administration and China Electric Vehicle Charging Infrastructure Promotion Alliance, "China Electric Vehicle Charging Infrastructure Development Annual Report," 2016–2017. Available at: www.nea.gov.cn/136376732_ 1497839740167ln.pdf.

[203] J. G. J. Olivier, K. M. Schure, and J. A. H. W. Peters, "Trends in Global CO_2 and Total Greenhouse Gas Emissions: 2017 Report" (The Hague: PBL Netherlands Environmental Assessment Agency, 2017), Available at: www.pbl.nl/en/publica tions/trends–in–global–co2–and–total–greenhouse–gas–emissions–2017–report.

[204] Olivier et al., "Trends in Global CO_2 and Total Greenhouse Gas Emissions."

[205] H. Rui, R. K. Morse, and G. He, "Developing large coal–power bases in China," in M. C. Thurber and R. K. Morse, eds., *The Global Coal Market: Supplying the Major Fuel for Emergine Economies* (Cambridge: Cambridge University Press, 2015), pp. 73–122.

[206] B. Wang, "An Imbalanced Development of Coal and Electricity Industries in China," *Energy Policy* 35 (10)(October 2007), pp. 4959–4968.

[207] W. Peng, "The evolution of China's coal institutions," in M. C. Thurber and R. K. Morse, eds., *The Global Coal Market: Supplying the Major Fuel for Emergine Economies* (Cambridge: Cambridge University Press, 2015), pp. 37–72.

[208] University of International Business and Economics and Chinese Academy of Sciences, "Coal Sector Employment Impacts of Capacity Reduction Policies," *China Coal Consumption Cap Electricity Sector Research Working Group* (Beijing: University of International Business and Economics; Institute

for Urban and Environmental Studies, Chinese Academy of Sciences, 2018).

[209] National Bureau of Statistics of China, "Coal mining and dressing," in *China Statistical Yearbook* 2016 (Beijing: China Statistics Press, 2016).

[210] L. Zhang, "Electricity pricing in a partial reformed plan system: The case of China," *Energy Policy* 43 (April 2012), pp. 214–225.

[211] Rui et al., "Developing large coal–power bases in China."

[212] D. Fridley and H. Lu, eds., "China Energy Databook V9" (Berkeley: Lawrence Berkeley National Laboratory, 2016), Available at: https://china.lbl.gov/china- energy–databook

[213] National Bureau of Statistics of China, *China Statistical Yearbook* 2017 (Beijing: China Statistics Press, 2017).

[214] National Bureau of Statistics of China, "2015 National Input–Output Table" (Beijing: China Statistics Press, 2018).

[215] National Bureau of Statistics of China, "Urban Centralized Heating Statistics" (Beijing: China Statistics Press, 2017).

[216] S. Zhang and X. Qin, "Promoting large and closing small in China's coal power sector 2006–2013: A CO_2 mitigation assessment based on a vintage structure," *Economics of Energy & Environmental Policy* 5 (2) (April 1, 2016), pp. 85–99. Available at: www.iaee.org/en/publications/eeeparticle.aspx?id=130.

[217] China Electricity Council, "Overview of Electric Power Industry (Various: 2003–2016)" (Beijing: China Electricity Council, 2017).

[218] State Council, "Notice of Catalogue of Government Approvals for Investment Projects (2014 Version)" (Beijing: State Council, 2014), Available at: www.gov .cn/zhengce/content/2014–11/18/content_9219.htm.

[219] State Council, "Opinion Regarding Resolving Steel Industry Overcapacity Reduction Problems" (Beijing: State Council, 2016), Available at: www.gov.cn/ zhengce/content/2016–02/04/content_5039353.htm.

[220] K. Matus, K. M. Nam, N. E. Selin et al., "Health damages from

air pollution in China," *Global Environmental Change-Human and Policy Dimensions* 22（1)(2012), pp. 55–66.

[221] Y. L. Sun, Z. Wang, P. Fu et al., "Aerosol composition, sources and processes during wintertime in Beijing, China," *Atmospheric Chemistry and Physics* 13（9)(May 2, 2013), pp. 4577–4592.

[222] National Energy Administration, "Energy Sector Strengthening Air Pollution Prevention Plan" (Beijing: National Energy Administration, 2014), Available at: www.nea.gov.cn/2014–05/16/c_133338463.htm.

[223] State Council, "Action Plan on Prevention and Control of Air Pollution" (Beijing: State Council, 2013), Available at: www.gov.cn/zwgk/2013–09/12/content_ 2486773.htm.

[224] National Development and Reform Commission, "Notice Regarding Completing 2016 Work on Coal Consumption Reduction and Substitution" (Beijing: National Development and Reform Commission, 2016), Available at: www.ndrc.gov.cn/zcfb/ zcfbtz/201607/t20160726_812316.html.

[225] National Development and Reform Commission and National Energy Administration, "13th Five-Year Plan on Energy Development" (Beijing: National Development and Reform Commission, 2016).

[226] Ministry of Human Resources and Social Security (MOHRSS), "Employment and Social Welfare Topic Press Conference" (February 26, 2016), Available at: www .mohrss.gov.cn/zcyjs/gongzuodongtai/201603/t20160310_235121.html.

[227] International Monetary Fund, "People's Republic of China: Financial System Stability Assessment-Press Release and Statement by the Executive Director for People's Republic of China," IMF Staff Country Reports 2017 (358)(December 2017). Available at: http: //elibrary.imf.org/view/IMF002/24775–9781484331149/ 24775–9781484331149/24775–9781484331149.xml.

[228] Ministry of Human Resources and Social Security (MOHRSS),

"Notice of Five Departments Regarding 2017 Employment Placement Work During Steel and Coal Industry Capacity Reduction" (Beijing: Ministry of Human Resources and Social Security, 2017), Available at: www.gov.cn/xinwen/2017-03/31/content_5182280 .htm.

[229] "Coal Sector Employment Impacts of Capacity Reduction Policies."

[230] State Council, "Notice Regarding Provisional Guidelines for Encouraging Electricity Investment and Implementing Multiple Electricity Tariffs" (Beijing: State Council, 1985), Available at: http: //law.npc.gov.cn/FLFG/flfgByID.action? txtid=2&flfgID=100481&showDetailType=QW.

[231] S. Xu and W. Chen, "The reform of electricity power sector in the PR of China," *Energy Policy* 34 (16)(November 2006), pp. 2455–2465.

[232] J. L. Ma, "On-grid electricity tariffs in China: Development, reform and prospects," *Energy Policy* 39 (5)(2011), pp. 2633–2645. Available at: https: //doi.org/10.1016/j .enpol.2011.02.032

[233] Guangzhou Committee, *Guangzhou Electricity Sector Annals* (1888–2000)(Guangzhou: Guangzhou Electricity Sector Annals Editorial Committee, 2001) .

[234] F. Kahrl, J. H. Williams, and J. Hu, "The political economy of electricity dispatch reform in China," *Energy Policy* 53 (2013), pp. 361–369.

[235] Y. C. Xu, *Sinews of Power: The Politics of the State Grid Corporation of China* (Oxford: Oxford University Press, 2016) .

[236] R. M. Wirtshafter and E. Shih, "Decentralization of China's electricity sector: Is small beautiful?" *World Development* 18 (4)(1990), pp. 505–512.

[237] National Bureau of Statistics of China, *China Statistical Yearbook* 2017.

[238] State Administration of Work Safety, "Opinion Regarding Supporting Resolving Steel Industry Overcapacity Reduction Problems" (Beijing: State Administration of Work Safety, 2016), Available at: www.

mem.gov.cn/gk/gwgg/xgxywj/qt/201604/ t20160418_233287.shtml.

[239] B. Caldecott. G. Dericks, D. J. Tulloch et al., "Stranded Assets and Thermal Coal in China," Working Paper (University of Oxford, 2017) .

[240] National Development and Reform Commission and National Energy Administration, "Implementing Plan for Solving Hydropower, Wind and Solar Curtailment" (Beijing: National Development and Reform Commission, 2017), Available at: http: //zfxxgk.nea.gov.cn/auto87/201711/t20171113_3056.htm.

[241] Y. Dai, "Who Drives Climate-Relevant Policy Implementation in China?," Working Paper (Sussex, UK: Institute of Development Studies, 2015) .

[242] X. Zhao, S. Zhang, Y. Zou et al., "To what extent does wind power deployment affect vested interests? A case study of the Northeast China Grid," *Energy Policy* 63 (December 2013), pp. 814–822.

[243] National Energy Administration, "Electricity Dispatch and Market Operations Supervision Report of Shandong and 6 Provinces" (Beijing: National Energy Administration, 2017), Available at: http: //zfxxgk.nea.gov.cn/auto92/201703/ t20170330_2756.htm.

[244] P. L. Joskow, "Incentive regulation in theory and practice: Electricity Distribution and transmission networks," in N. Rose, ed., *Economic Regulation and Its Reform: What Have We Learned*? (University of Chicago Press, 2014), pp. 291–344. Available at: www.nber.org/chapters/c12566.pdf.

[245] J. I. Pérez-Arriaga and C. Meseguer, "Wholesale marginal prices in competitive generation markets," *IEEE Transactions on Power Systems* 12 (2) (1997), pp. 710–717.

[246] National Energy Administration, "Energy Sector Strengthening Air Pollution Prevention Plan" (Beijing: National Energy Administration, 2014), Available at: www.nea.gov.cn/2014-05/16/c_133338463.htm.

[247] "2017 National Renewable Power Development Monitoring

and Evaluation Report" (Beijing: National Energy Administration, 2018), Available at: http: // zfxxgk.nea.gov.cn/auto87/201805/t20180522_3179.htm.

[248] P. Andrews-Speed, "Reform Postponed: The Evolution of China's Electricity Markets," in F. P. Sioshansi, ed., *Evolution of Global Electricity Markets: New Paradigms, New Challenges, New Approaches* (Waltham: Elsevier, 2013), pp. 531–567.

[249] J. Watson, R. Byrne, D. Ockwell et al., "Lessons from China: Building technological capabilities for low carbon technology transfer and development," *Climatic Change* 131 (3)(2015), pp. 387–399.

[250] M. R. Davidson, "Technology integration in China's electricity system: Central targets and local challenges," in T. G. Rawski and L. Brandt, eds., *Policy, Regulation and Innovation in China's Electricity and Telecom Industries* (Cambridge: Cambridge University Press, 2019), pp. 134–176.

[251] National Development and Reform Commission and National Energy Administration, "13th Five–Year Plan on Electricity Development" (Beijing: National Development and Reform Commission, 2016) .

[252] "Cogeneration Management Rules (No. 617)" (Beijing: National Energy Administration, 2016) . Available at: www.sdpc.gov.cn/zcfb/zcfbtz/201604/ t20160418_798342.html.

[253] M. R. Davidson and I. Pérez–Arriaga, "Modeling unit commitment in political context: Case of China's partially restructured electricity sector," *IEEE Transactions on Power Systems* 33 (5)(2018), pp. 4889–4901.

[254] Danish Energy Agency, "Flexibility in the Power System: Danish and European Experiences" (Copenhagen: Danish Energy Agency, 2015), Available at: https: //ens .dk/sites/ens.dk/files/Globalcooperation/flexibility_in_the_power_system_v23–lri.pdf

[255] Agora Energiewende, "Flexibility in Thermal Power Plants" (Berlin: Agora Energiewende, 2017), Available at: www.agora–energiewende.de/en/publications/ flexibility–in–thermal–power–plants/

[256] J. Cochran, D. Lew, and N. Kumar, “Flexible Coal: Evolution from Baseload to Peaking Plant” (Golden, CO: National Renewable Energy Laboratory, 2013) .

[257] Y. Gu, J. Xu, D. Chen et al., “Overall review of peak shaving for coal-fired power units in China,” *Renewable and Sustainable Energy Reviews* 54 (February 2016), pp. 723-731.

[258] R. Sun et al., “Summary of China’s conventional coal-fired power plant technolo- gies,” *Power and Electricity Engineers* 28 (2013), pp. 28-34.

[259] China Electricity Council, “Status and Prospects for China’s Electricity Sector” (Beijing: China Electricity Council, 2015), Available at: www.cec.org.cn/yaowen kuaidi/2015-03-10/134972.html.

[260] Y. Dong, X. Jiang, Z. Liang et al., “Coal power flexibility, energy efficiency and pollutant emissions implications in China: A plant-level analysis based on case units,” *Resources, Conservation and Recycling* 134 (July 1, 2018), pp. 184-195.

[261] J. Hu, G. Kwok, W. Xuan et al., “Using natural gas generation to improve power system efficiency in China,” *Energy Policy* 60 (September 2013), pp. 116-121.

[262] S. Paltsev and D. Zhang, “Natural gas pricing reform in China: Getting closer to a market system?” *Energy Policy* 86 (2015), pp. 43-56.

[263] National Bureau of Statistics of China, “National Energy Inventory (2000-2014)” (Beijing: China Statistics Press, 2017) .

[264] National Development and Reform Commission, “2017 Natural Gas Operation Conditions” (Beijing: National Development and Reform Commission, 2018), Available at: www.ndrc.gov.cn/fzgggz/jjyx/mtzhgl/201801/t20180131_876398 .html.

[265] “Energy Sector Strengthening Air Pollution Prevention Plan” (Beijing: National Energy Administration, 2014), Available at: www.nea.gov.cn/2014-05/16/c_ 133338463.htm.

[266] J. Lin and B. Lin, "Heat tariff and subsidy in China based on heat cost analysis," *Energy Economics* 71 (2018), pp. 411–420. Available at: https://doi.org/10.1016/j .eneco.2018.03.012.

[267] G. Booras, "Engineering and Economic Analysis of an Advanced Ultra–Supercritical Pulverized Coal Power Plant with and without Post–Combustion Carbon Capture" (Palo Alto, CA: Electric Power Research Institute, 2015).

[268] X. Zhang, "Some consideration about the future development strategy of advanced ultra supercritical coal–fired power generation technology," *Engineering Sciences* 15(4)(2013), pp. 91–95.

[269] Agora Energiewende, "Flexibility in Thermal Power Plants" (Berlin: Agora Energiewende, 2017), Available at: www.agora–energiewende.de/en/publications/ flexibility–in–thermal–power–plants/

[270] S. Korellis, "Coal–Fired Power Plant Heat Rate Improvement Options," *POWER Magazine* (blog), November 1, 2014. Available at: www.powermag.com/coal–fired– power–plant–heat–rate–improvement–options–part–1/.

[271] National Development and Reform Commission and National Energy Administration, "13th Five–Year Plan on Electricity Development."

[272] S. Wang and L. Riemann, "Thermal Power Plant Flexibility" (Paris: Clean Energy Ministerial, 2018), Available at: www.cleanenergyministerial.org/publications–clean– energy–ministerial/thermal–power–plant–flexibility–2018–publication–under–clean.

[273] National Development and Reform Commission and National Energy Administration, "13th Five–Year Plan on Electricity Development."

[274] F. Teng, Q. Liu, A. Gu et al., "Pathways to Deep Decarbonization in China" (Paris: Institute for Sustainable Development and International Relations (IDDRI), 2015), Available at: www.iddri.org/sites/default/files/old/Publications/CHN_DDPP_report .pdf

[275] Global Carbon Capture and Storage Institute, "Large-Scale CCS Facilities" (Docklands, AU: Global Carbon Capture and Storage Institute, August 11, 2018), Available at: www.globalccsinstitute.com/projects/large-scale-ccs-projects.

[276] R. T. Dahowski, C. L. Davidson, X. C. Li et al., "A \$70/tCO_2 greenhouse gas mitigation backstop for China's industrial and electric power sectors: Insights from a comprehensive CCS cost curve," *International Journal of Greenhouse Gas Control* 11 (November 1, 2012), pp. 73–85.

[277] National Academy of Sciences, *Geologic Capture and Sequestration of Carbon: Proceedings of a Workshop* (Washington, DC: National Academies Press, 2018), Available at: www.nap.edu/catalog/25210.

[278] M. T. Craig, H. Zhai, P. Jaramillo et al., "Trade-offs in cost and emission reductions between flexible and normal carbon capture and sequestration under carbon dioxide emission constraints," *International Journal of Greenhouse Gas Control* 66 (November 2017), pp. 25–34.

[279] International Energy Agency, "CO_2 Emissions from Fuel Combustion Highlights 2017" (Paris: International Energy Agency, 2017).

[280] National Bureau of Statistics of China, "National Energy Inventory (2000–2014)" (Beijing: China Statistics Press, 2017).

[281] China Cement Association, "13th Five-Year Plan on the Cement Industry" (Beijing: China Cement Association, 2016).

[282] China Cement Association, "Cement Industry Coal Control Strategy and Implementation Research" (Beijing: China Cement Association, 2017).

[283] China Iron and Steel Association, "Iron and Steel Industry Coal Consumption Control Plan and Policy Research" (Beijing: China Iron and Steel Industry Association, 2017).

[284] M. Åhman, L. J. Nilsson, and B. Johansson, "Global climate policy and deep decarbonization of energy-intensive industries," *Climate Policy* 17 (5)(July 4, 2017), pp. 634–649.

[285] National Bureau of Statistics of China, "Personal coal consumption" in "Coal consumption by sector" (Beijing: China Statistics Press, 2016).

[286] K. He and X. Li, "China 'Scattered' Coal Comprehensive Control Survey Report 2018" (Beijing: Natural Resources Defense Council, 2018).

[287] D. Fridley and H. Lu, eds., "China Energy Databook V9" (Berkeley: Lawrence Berkeley National Laboratory, 2016), Available at: https://china.lbl.gov/china- energy-databook

[288] "Energy Sector Strengthening Air Pollution Prevention Plan" (Beijing: National Energy Administration, 2014). Available at: www.nea.gov.cn/2014-05/16/c_ 133338463.htm.

[289] World Steel Association, *Steel Statistical Yearbook* 2017 (Brussels: World Steel Association, 2017).

[290] W. Chen, X. Yin, and D. Ma, "A bottom-up analysis of China's iron and steel industrial energy consumption and CO_2 emissions," *Applied Energy* 136 (December 31, 2014), pp. 1174–1183.

[291] K. He and L. Wang, "A review of energy use and energy-efficient technologies for the iron and steel industry," *Renewable and Sustainable Energy Reviews* 70 (April 1, 2017), pp. 1022–1039.

[292] He and Wang, "A review of energy use and energy-efficient technologies."

[293] China Iron and Steel Association, "Iron and Steel Industry Coal Consumption Control Plan and Policy Research."

[294] Ministry of Industry and Information Technology, "Iron and Steel Industry Upgrading Plan (2016–2020)" (Beijing: Ministry of Industry and Information Technology, 2016), Available at: www.miit.gov.cn/n1146295/n1652858/ n1652930/n3757016/c5353943/content.html.

[295] Ministry of Industry and Information Technology, "Iron and Steel Industry Upgrading Plan (2016–2020)."

[296] F. Zhong, "Is It Time for China to Switch to Electric Arc Furnace

Steelmaking?" (**Blog post: World Steel Association, February 13, 2018**), Available at: www .worldsteel.org/media-centre/blog/2018/Is-it-time-for-China-to-switch-to-EAF- steelmaking.html.

[297] Y. Yang, "Scrap steel reuse enters 'Golden Age'," *Economic Daily* (June 5, 2017). Available at: www.gov.cn/xinwen/2017-06/05/content_5199838.htm.

[298] M. Paulus and F. Borggrefe, "The potential of demand-side management in energy- intensive industries for electricity markets in Germany," *Applied Energy*, 88 (2)(February 1, 2011), pp. 432-441. Available at: https://doi.org/10.1016/j.apenergy .2010.03.017

[299] China Iron and Steel Association, "Iron and Steel Industry Coal Consumption Control Plan and Policy Research."

[300] Ministry of Industry and Information Technology, "Iron and Steel Industry Upgrading Plan (2016-2020)."

[301] H. Lund, S. Werner, R. Wiltshire et al., "4th generation district heating (4GDH): Integrating smart thermal grids into future sustainable energy systems," *Energy* 68 (April 15, 2014), pp. 1-11.

[302] X. Chen, C. Kang, M. O'Malley et al., "Increasing the flexibility of combined heat and power for wind power integration in China: Modeling and implications," *IEEE Transactions on Power Systems* 30 (4)(July 2015), pp. 1848-1857.

[303] Paulus and Borggrefe, "The potential of demand-side management."

[304] S. Zhang and X. Qin, "Promoting large and closing small in China's coal power sector 2006-2013: A CO_2 mitigation assessment based on a vintage structure," *Economics of Energy & Environmental Policy* 5 (2)(April 1, 2016), pp. 85-99. Available at: www.iaee.org/en/publications/eeeparticle.aspx?id=130.

[305] Beijing Jiaotong University, "13th Five-Year Building Sector Coal

Control Implementing Plan" (Beijing: Beijing Jiaotong University, 2017) .

[306] National Bureau of Statistics of China, "2015 National Input–Output Table."

[307] K. Kawase, "China's housing glut casts pall over the economy," *Nikkei Asian Review*, (February 13, 2019) . Available at: https: //asia.nikkei.com/Spotlight/Cover– Story/China–s–housing–glut–casts–pall–over–the–economy.

[308] T. Huo, W. Cai, H. Ren et al., "China's building stock estimation and energy intensity analysis," *Journal of Cleaner Production* 207 (January 10, 2019), pp. 801–813.

[309] R. K. Morse, V. Rai, and G. He, "The real drivers of carbon capture and storage in China," in M. C. Thurber and R. K. Morse, eds., *The Global Coal Market: Supplying the Major Fuel for Emergine Economies* (Cambridge: Cambridge University Press, 2015), pp. 557–581.

[310] International Energy Agency, "Energy Technology Perspectives 2017" (Paris: International Energy Agency, 2017) .

[311] Ministry of Environmental Protection, "2015 Report on the State of the Environment in China" (Beijing: People's Republic of China, 2016), Available at: http: //english .mee.gov.cn/Resources/Reports/soe/Report/201706/P020170614504782926467.pdf .

[312] Institute for Health Metrics and Evaluation (IHME), "GB D Compare Data Visualization" (Seattle: Institute for Health Metrics and Evaluation (IHME), University of Washington, 2020), Available at: www.healthdata.org/data–visualiza tion/gbd–compare (Accessed February 27, 2021) .

[313] F. Jotzo, V. Karplus, M. Grubb et al., "China's emissions trading takes steps towards big ambitions," *Nature Climate Change* 8 (2018), pp. 265–267.

[314] W. Peng, J. N. Yang, F. Wagner et al., "Substantial air quality and

climate co–benefits achievable now with sectoral mitigation strategies in China," *Science of the Total Environment* 598 (2017), pp. 1076–1084.

[315] M. W. Li, D. Zhang, C. T. Li et al., "Air quality co–benefits of carbon pricing in China," *Nature Climate Change* 8 (5)(2018), pp. 398–403.

[316] J. N. Yang, X. Y. Li, W. Peng et al., "Climate, air quality and human health benefits of various solar photovoltaic development scenarios in China in 2030," *Environmental Research Letters* 13 (6)(2018), p. 064002.

[317] State Council, 12th Five–Year Plan for Energy Saving and Emission Reduction (Beijing: People's Republic of China, 2012), Available at: www.gov.cn/zwgk/2012– 08/21/content_2207867.htm.

[318] S. Zhang, E. Worrell, and W. Crijns–Graus, "Evaluating co–benefits of energy effi– ciency and air pollution abatement in China's cement industry," *Applied Energy* 147 (2015), pp. 192–213. Available at: http: // dx.doi.org/10.1016/j.apenergy.2015.02.081.

[319] S. H. Zhang, E. Worrell, W. Crijns–Graus et al., "Co–benefits of energy efficiency improvement and air pollution abatement in the Chinese iron and steel industry," *Energy* 78 (2014), pp. 333–345, Available at: https: // doi.org/10.1016/j.energy.2014 .10.018.

[320] Y. Qin, F. Wagner, N. C. Scovronick et al., "Air quality, health and climate implica– tions of China's synthetic natural gas development," *Proceedings of National Academy of Sciences* 114 (19)(2017), pp. 4887–4892.

[321] Y. Qin, L. Hoglund–Isaksson, E. Byers et al., "The Air, Carbon, Water Synergies and Tradeoffs in China's Natural Gas Industry," *Nature Sustainability* 1 (2018), pp. 505–511.

[322] International Energy Agency, "Global EV Outlook 2017: Two Million and Counting" (Paris: International Energy Agency, 2017), Available at: www.oecd–ilibrary.org/ energy/global–ev–outlook–2017_9789264278882–en

[323] National Development and Reform Commission, "Guidance Note on Promoting Electricity to Replace Coal and Gasoline Use" (Beijing: People's Republic of China, 2016), Available at: www.scio.gov.cn/xwfbh/xwbfbh/wqfbh/39595/41802/ xgzc41808/Document/1664893/1664893.htm

[324] W. Peng, J. N. Yang, X. Lu et al., "Potential co-benefits of electrification for air quality, health, and CO_2 mitigation in 2030 China," *Applied Energy* 218 (May 2018), pp. 511–519. Available at: https: //doi.org/10.1016/j.apenergy.2018.02.048.

[325] Z. Guo P. Liu, L. Ma et al., "Effects of low-carbon technologies and end-use electrification on energy-related greenhouse gases mitigation in China by 2050," *Energies* 8 (7)(2015), pp. 7161–7184.

[326] H. Huo, H. Cai, Q. Zhang et al., "Life-cycle assessment of greenhouse gas and air emissions of electric vehicles: A comparison between China and the U.S.," *Atmospheric Environment* 108 (2015), pp. 107–116.

[327] X. Lu, L. Cao, H. K. Wang et al., "Gasification of coal and biomass as a net carbon- negative power source for environment-friendly electricity generation in China," *Proceedings of the National Academy of Sciences* 116 (17)(April 2019), pp. 8206–8213. Available at: www.pnas.org/content/116/17/8206.short.